DR. OETKER

TASSENKUCHEN

Neue Backideen leicht gemacht

DR. OETKER

TASSENKUCHEN

Neue Backideen leicht gemacht

Dr. Oetker Verlag

Vorwort

Unglaublich einfach ist die Zubereitung dieser Tassen- und Becherkuchen. Ob Sie die Tasse oder den Becher aus dem Küchenschrank verwenden oder den Sahne- oder Quarkbecher als Maß benutzen, Sie können Ihre Waage getrost im Schrank lassen.

Für die ganz Vorsichtigen haben wir alles auch noch einmal nachgewogen, aber spätestens beim zweiten Mal werden Sie sich auf ihr neues Maß verlassen. Und das Obst lässt sich ja ganz einfach beim Einkaufen abwiegen.

Damit Ihr Kuchen auch gelingt, ist es wichtig, den Inhalt Ihrer Tasse oder Ihres Bechers vor der Zubereitung nachzumessen.

Alle Rezepte sind wie gewohnt leicht nachvollziehbar beschrieben, von Dr. Oetker getestet und machen schon beim Zubereiten Spaß.

Abkürzungen

EL = Esslöffel, leicht gehäuft
TL = Teelöffel
Msp. = Messerspitze
Pck. = Packung/Päckchen
g = Gramm
kg = Kilogramm
ml = Milliliter
l = Liter
evtl. = eventuell
geh. = gehäuft
gestr. = gestrichen
TK = Tiefkühlprodukt
°C = Grad Celsius
Ø = Durchmesser
E = Eiweiß
F = Fett
Kh = Kohlenhydrate
kcal = Kilokalorien
kJ = Kilojoule

Hinweise zu den Rezepten

Lesen Sie bitte vor der Zubereitung – besser noch vor dem Einkaufen – das Rezept einmal vollständig durch. Oft werden Arbeitsabläufe oder -zusammenhänge dann klarer.

Die in den Rezepten angegebenen Backtemperaturen und -zeiten sind Richtwerte, die je nach individueller Hitzeleistung des Backofens über- oder unterschritten werden können. Bitte beachten Sie deshalb bei der Einstellung des Backofens die Gebrauchsanweisung des Herstellers und machen Sie nach Beendigung der Backzeit eine Garprobe.

Zubereitungszeiten

Die Zubereitungszeit beinhaltet nur die Zeit für die eigentliche Zubereitung, die Backzeiten sind gesondert ausgewiesen. Längere Wartezeiten, z. B. Kühlzeiten, sind ebenfalls nicht mit einbezogen.

Kapitelübersicht

Kapitelübersicht

Brausepulverkuchen

Zutaten

Zum Vorbereiten:
1 Becher (150 g) Vollmilch-Joghurt

Für den All-in-Teig:
3 Becher (330 g) Weizenmehl
3 gestr. TL Backpulver
1 ½ Becher (225 g) Zucker
4 Eier (Größe M)
1 Pck. (250 g) zerlassene, abgekühlte Butter oder Margarine
knapp 1 Becher (125 ml) Milch
1 Pck. Brausepulver (10 Portionsbeutel)
Speisefarbe

Für die Füllung:
1 Pck. (200 g) Doppelrahm-Frischkäse
1 EL Zucker
1 EL Zitronensaft
1 Becher (200 ml) Schlagsahne
2 Pck. Sahnesteif

Zubereitungszeit:
45 Minuten, ohne Abkühlzeit

Insgesamt:
E: 105 g, F: 371 g, Kh: 570 g, kJ: 26086, kcal: 6233

1 Zum Vorbereiten Joghurt in eine Rührschüssel geben und zugedeckt kalt stellen. Den Becher auswaschen, abtrocknen und zum Abmessen verwenden.

2 Für den Teig Mehl mit Backpulver mischen und in eine Rührschüssel sieben. Zucker, Eier, Fett und Milch hinzufügen. Zutaten in 2 Minuten mit Handrührgerät mit Rührbesen auf höchster Stufe zu einem glatten Teig verarbeiten.

3 Den Teig vierteln. Jeweils ein Teigviertel mit je 2 Portionsbeuteln einer Sorte Brausepulver verrühren (evtl. zusätzlich die entsprechende Speisefarbe mit unterrühren). Die Teige mit einem Esslöffel ringförmig von außen nach innen in eine Springform (Ø 26 cm, Boden gefettet) füllen, dabei den Teig immer wieder zum Rand schieben. Die Form auf dem Rost in den Backofen schieben.

Ober-/Unterhitze: etwa 180 °C (vorgeheizt)
Heißluft: etwa 160 °C (nicht vorgeheizt)
Gas: Stufe 2–3 (nicht vorgeheizt)
Backzeit: etwa 35 Minuten.

4 Den Kuchen in der Form auf einem Kuchenrost etwas abkühlen lassen, dann aus der Form lösen und auf einem mit Backpapier belegten Kuchenrost erkalten lassen. Kuchen einmal waagerecht durchschneiden.

5 Für die Füllung den kalt gestellten Joghurt mit Frischkäse, Zucker und Zitronensaft zu einer geschmeidigen Masse verrühren. Sahne mit Sahnesteif steif schlagen und unterheben. Den unteren Boden auf eine Platte legen. Drei Viertel der Käse-Sahne-Masse darauf streichen, mit dem oberen Boden bedecken und leicht andrücken. Restliche Käse-Sahne-Masse in einen Spritzbeutel mit Lochtülle (Ø 10 mm) füllen. Tupfen auf die Kuchenoberfläche spritzen. Mit dem restlichen Brausepulver bestreuen.

Zitrus-Kefirkuchen

Zutaten

1 Tasse ≙ 200 ml

Zum Vorbereiten:
2 Orangen
2 ½ Limetten

Für den Schüttelteig:
2 ½ Tassen (250 g) Weizenmehl
gut 1 Tasse (120 g) Speisestärke
2 gestr. TL Backpulver
1 ½ Tassen (200 g) Zucker
4 Eier (Größe M)
1 Pck. Finesse Orangenfrucht
1 Pck. (250 g) zerlassene, abgekühlte Butter oder Margarine
½ Becher (250 ml [¼ l]) Kefir

Für den Sirup:
1 Orange
½ Limette
2 Zimtstangen
½ Tasse (75 g) Zucker

Zubereitungszeit:
65 Minuten, ohne Abkühlzeit

Insgesamt:
E: 74 g, F: 247 g, Kh: 619 g, kJ: 21700, kcal: 5148

FÜR GÄSTE

1 Zum Vorbereiten Orangen und Limetten schälen, so dass die weiße Haut mit entfernt wird, Kerne entfernen. Zitrusfrüchte in Scheiben schneiden.

2 Zitrus-Fruchtscheiben nebeneinander auf den Boden einer Blüten- oder Rosettenform (Ø 30 cm, gefettet) legen.

3 Für den Teig Mehl mit Speisestärke und Backpulver mischen, in eine verschließbare Schüssel (3-Liter-Inhalt) sieben, mit Zucker mischen. Eier, Orangenfrucht, Butter oder Margarine und Kefir hinzufügen. Schüssel mit dem Deckel fest verschließen.

4 Mehrmals (insgesamt 15–30 Sekunden) kräftig schütteln, so dass alle Zutaten gut vermischt sind. Alles mit einem Schneebesen oder Rührlöffel nochmals sorgfältig durchrühren, damit vor allem trockene Zutaten vom Rand mit untergerührt werden.

5 Den Teig in die vorbereitete Blüten- oder Rosettenform geben und glatt streichen. Die Form auf dem Rost in den Backofen schieben.

Ober-/Unterhitze: etwa 180 °C (vorgeheizt)
Heißluft: etwa 160 °C (nicht vorgeheizt)
Gas: Stufe 2–3 (nicht vorgeheizt)
Backzeit: etwa 50 Minuten.

6 Den Kuchen in der Form etwas abkühlen lassen, dann aus der Form lösen und auf einen mit Backpapier belegten Kuchenrost stürzen.

7 Für den Sirup Orange und Limette auspressen. Den Saft mit Zimtstangen und Zucker in einem kleinen Topf aufkochen. Bei schwacher Hitze ohne Deckel in etwa 5 Minuten um die Hälfte einkochen lassen. Den warmen Kuchen mit dem Sirup beträufeln. Kuchen erkalten lassen.

Limetten-Streusel-Tarte

Zutaten

Zum Vorbereiten:
1 Becher (200 ml) Schlagsahne

Für den Schüttelteig:
2 Becher (250 g) Weizenmehl
1 gestr. TL Backpulver
½ Becher (100 g) Zucker
2 Eier (Größe M)
½ Pck. (125 g) zerlassene, abgekühlte Butter oder Margarine

Für den Limettenguss:
1 Pck. Tortenguss (klar)
2-3 EL Zucker
1 Pck. Bourbon-Vanille-Zucker
geriebene Schale und Saft von 2 Limetten (unbehandelt)

Zum Garnieren:
1 Limette (unbehandelt)
4 EL Zucker
3 EL Wasser
Zitronenmelisse-Blättchen

Zubereitungszeit:
60 Minuten, ohne Abkühlzeit

Insgesamt:
E: 49 g, F: 182 g, Kh: 391 g, kJ: 14704, kcal: 3514

EINFACH

1 Zum Vorbereiten Sahne in eine Rührschüssel geben und zugedeckt kalt stellen. Den Sahnebecher auswaschen, abtrocknen und zum Abmessen verwenden.

2 Für den Teig Mehl mit Backpulver mischen, in eine verschließbare Schüssel (3-Liter-Inhalt) sieben, mit Zucker mischen. Eier und Butter oder Margarine hinzufügen. Schüssel mit dem Deckel fest verschließen.

3 Mehrmals (insgesamt 15–30 Sekunden) kräftig schütteln, so dass alle Zutaten gut vermischt sind. Alles mit einem Rührlöffel nochmals sorgfältig durchrühren, damit vor allem trockene Zutaten vom Rand mit untergerührt werden.

4 Den Teig mit bemehlten Fingern in eine Tarteform (Ø 28 cm, gefettet) drücken, dabei die Ränder etwas hochdrücken. Die Form auf dem Rost in den Backofen schieben und den Boden vorbacken.

Ober-/Unterhitze: etwa 180 °C (vorgeheizt, unterste Einschubleiste)
Heißluft: etwa 160 °C (vorgeheizt)
Gas: Stufe 2–3 (vorgeheizt)
Backzeit: etwa 12 Minuten.

5 Die Form auf einen Kuchenrost stellen. Für den Guss Tortengusspulver mit Zucker, Vanille-Zucker, Limettenschale und -saft mischen und mit der kalt gestellten Sahne gut verrühren. Den Guss auf dem vorgebackenen Boden verteilen. Die Form wieder auf dem Rost in den Backofen schieben und **bei gleicher Backofeneinstellung etwa 20 Minuten** fertig backen.

6 Die Form auf einen Kuchenrost stellen. Die Tarte in der Form erkalten lassen.

7 Zum Garnieren Limette gründlich waschen, trockentupfen und in dünne Scheiben schneiden. Zucker und Wasser in einem kleinen Topf erhitzen, bis der Zucker gelöst ist. Limettenscheiben hineingeben und aufkochen lassen. Limettenscheiben abtropfen lassen und auf die Tarte legen. Mit Melisse-Blättchen garnieren.

Limetten-Kokos-Käsekuchen

Zutaten

Zum Vorbereiten:
4 Pck. (je 250 g) Magerquark

Für den Streuselteig:
2 Becher (300 g) Weizenmehl
½ Becher (100 g) Zucker
1 Pck. Vanillin-Zucker
1 Prise Salz
½ Pck. (125 g) Butter oder Margarine

Zum Bestreuen:
4 EL (etwa 30 g) Kokosraspel

Für die Quarkcreme:
3 Limetten (unbehandelt)
⅕ Pck. (50 g) weiche Butter
4 EL Schlagsahne
¾ Becher (150 g) Zucker
1 Prise Salz
1 Pck. Pudding-Pulver Vanille-Geschmack
5 Eigelb (Größe M)
5 Eiweiß (Größe M)

Für die Streusel:
4 EL Kokosraspel

Zubereitungszeit:
50 Minuten

Insgesamt:
E: 208 g, F: 233 g, Kh: 561 g, kJ: 22616, kcal: 5401

EINFACH

1 Zum Vorbereiten Quark in eine Rührschüssel geben und zugedeckt kalt stellen. Einen Quarkbecher auswaschen, abtrocknen und zum Abmessen verwenden.

2 Für den Teig Mehl in eine Rührschüssel sieben, mit Zucker, Vanillin-Zucker und Salz mischen. Butter oder Margarine hinzufügen. Die Zutaten mit Handrührgerät mit Rührbesen zu Streuseln von gewünschter Größe verarbeiten.

3 Zwei Drittel des Teiges auf den Boden einer Springform (Ø 26 cm, gefettet) geben und mit einem Esslöffel andrücken. Kokosraspel auf den Teigboden streuen.

4 Für die Creme Limettten heiß waschen und trockentupfen. Schale abreiben und Saft auspressen.

5 Limonenschale und -saft, Butter, Sahne, Zucker, Salz, Pudding-Pulver und Eigelb zu dem kalt gestellten Quark geben. Die Zutaten zu einer geschmeidigen Masse verrühren. Eiweiß steif schlagen und unterheben. Die Quarkmasse auf den Teigboden geben und glatt streichen. Die restlichen Teigstreusel mit Kokosraspeln mischen und darüber streuen. Die Form auf dem Rost in den Backofen schieben.

Ober-/Unterhitze: etwa 180 °C (vorgeheizt)
Heißluft: etwa 160 °C (nicht vorgeheizt)
Gas: Stufe 2–3 (nicht vorgeheizt)
Backzeit: 60–70 Minuten.

6 Den Kuchen etwa 10 Minuten im ausgeschalteten Backofen stehen lassen.

7 Die Form auf einen Kuchenrost stellen. Kuchen etwas abkühlen lassen. Dann aus der Form lösen und auf einem Kuchenrost erkalten lassen.

Walnuss-Toffee-Tarte

Zutaten

1 Tasse ≙ 250 ml

Zum Vorbereiten:
½ Pck. (125 g) Schokokaramellbonbons (mit Schokolade überzogen)
1 Tasse (200 g) Walnusskernhälften

Für den Rührteig:
½ Pck. (125 g) Butter oder Margarine
½ Tasse (110 g) Zucker
1 Pck. Vanillin-Zucker
2 Eier (Größe M)
1½ Tassen (255 g) Weizenmehl
1 gestr. TL Backpulver
5 EL Milch

Zum Bestreichen:
½ Dose (200 g) gezuckerte Kondensmilch

Zum Bestäuben:
Puderzucker

Zubereitungszeit:
40 Minuten

Insgesamt:
E: 89 g, F: 270 g, Kh: 533 g, kJ: 21286, kcal: 5085

EINFACH

1 Zum Vorbereiten Bonbons mit einem scharfen Messer in dünne Scheiben schneiden. Ein Drittel der Walnusskerne fein hacken.

2 Für den Teig Butter oder Margarine mit Handrührgerät mit Rührbesen auf höchster Stufe geschmeidig rühren. Nach und nach Zucker und Vanillin-Zucker unterrühren. So lange rühren, bis eine gebundene Masse entstanden ist.

3 Eier nach und nach unterrühren (jedes Ei etwa ½ Minute). Mehl und Backpulver mischen, sieben, abwechselnd portionsweise mit der Milch auf mittlerer Stufe unterrühren. Bonbonscheiben und die gehackten Walnusskerne unterheben.

4 Den Teig in eine Tarteform (Ø 28 cm, gefettet) geben und glatt streichen. Die restlichen Walnusskernhälften gleichmäßig auf den Teig legen und leicht andrücken. Kondensmilch darauf verteilen. Die Form auf dem Rost in den Backofen schieben.

Ober-/Unterhitze: etwa 180 °C (vorgeheizt)
Heißluft: etwa 160 °C (vorgeheizt)
Gas: Stufe 2–3 (vorgeheizt)
Backzeit: etwa 30 Minuten.

5 Die Form auf einen Kuchenrost stellen. Kuchen erkalten lassen. Mit Puderzucker bestäuben.

Macadamianuss-Kuchen

Zutaten

Zum Vorbereiten:
1 Becher (250 ml [¼ l]) Schlagsahne

1 Tafel (100 g) Trauben-Nuss-Schokolade
75 g geröstete Macadamianusskerne (ohne Öl geröstet)

Für den Biskuitteig:
4 Eier (Größe M)
2 EL heißes Wasser
⅔ Becher (150 g) Zucker
1 Pck. Vanillin-Zucker
1 ½ Becher (225 g) Weizenmehl
2 gestr. EL Speisestärke
2 gestr. TL Backpulver
8 EL Speiseöl

Für den Belag:
1 EL gesiebter Puderzucker
1 Pck. Sahnesteif

Zum Besprenkeln und Bestreuen:
40 g dunkle Kuchenglasur
25 g geröstete Macadamianusskerne (ohne Öl geröstet)

Zum Garnieren:
75 g grüne, kernlose Weintrauben
nach Belieben Puderzucker

Zubereitungszeit:
45 Minuten, ohne Abkühlzeit

Insgesamt:
E: 77 g, F: 283 g, Kh: 486 g, kJ: 20777, kcal: 4965

1 Zum Vorbereiten Sahne in einen hohen Rührbecher geben und zugedeckt kalt stellen. Den Becher auswaschen, abtrocknen und zum Abmessen verwenden. Schokolade und Nusskerne fein hacken.

2 Für den Teig Eier und Wasser mit Handrührgerät mit Rührbesen auf höchster Stufe in 1 Minute schaumig schlagen. Zucker und Vanillin-Zucker mischen, in 1 Minute einstreuen, dann noch etwa 2 Minuten schlagen.

3 Mehl mit Speisestärke und Backpulver mischen, die Hälfte davon auf die Eiercreme sieben, kurz auf niedrigster Stufe unterrühren. Restliches Mehlgemisch auf die gleiche Weise unterarbeiten. Speiseöl, fein gehackte Nusskerne und Schokolade vorsichtig unterheben.

4 Den Teig in eine Springform (Ø 22 cm, Boden gefettet, mit Backpapier belegt) füllen. Die Form auf dem Rost in den Backofen schieben.

Ober-/Unterhitze: etwa 180 °C (vorgeheizt)
Heißluft: etwa 160 °C (nicht vorgeheizt)
Gas: Stufe 2–3 (nicht vorgeheizt)
Backzeit: etwa 50 Minuten.

5 Den Gebäckboden aus der Form lösen und auf einen mit Backpapier belegten Kuchenrost stürzen. Mitgebackenes Backpapier entfernen. Boden erkalten lassen.

6 Für den Belag die kalt gestellte Sahne mit Puderzucker und Sahnesteif steif schlagen. Die Sahne auf den Gebäckboden geben und mit einem Esslöffel wellenartig verstreichen.

7 Zum Besprenkeln und Bestreuen Kuchenglasur in einem kleinen Topf nach Packungsanleitung auflösen, etwas abkühlen lassen. Nusskerne fein hacken.

8 Zum Garnieren Weintrauben heiß abspülen, trockentupfen und halbieren. Weintrauben auf die Sahne legen, Nusskerne darauf streuen. Kuchenoberfläche mit Kuchenglasur besprenkeln, erkalten stellen. Nach Belieben mit Puderzucker bestäuben.

Mohnkuchen mit Johannisbeeren

Zutaten

Zum Vorbereiten:
1 Becher (150 ml) Naturjoghurt

Für den Schüttelteig:
3 Becher (330 g) Weizenmehl
2 gestr. TL Backpulver
1 Becher (150 g) Zucker
2 Pck. Vanillin-Zucker
1 Msp. Salz
1 Pck. Finesse Geriebene Zitronenschale
3 Eier (Größe M)
gut 1 Becher (150 ml) Speiseöl
½ Becher (50 g) Mohnsamen

Für den Belag:
1 Pck. Tortenguss, rot
2 EL Zucker, 6 EL Kirschwasser
6 EL Johannisbeersaft
300 g TK-Johannisbeeren

Zum Garnieren:
125 g frische Johannisbeeren
einige Zitronenmelisse-Blättchen
Puderzucker zum Bestäuben

Zubereitungszeit:
35 Minuten

Insgesamt:
E: 79 g, F: 201 g, Kh: 533 g, kJ: 19524, kcal: 4666

1 Zum Vorbereiten Joghurt in eine Schüssel geben und beiseite stellen. Den Becher auswaschen, abtrocknen und zum Abmessen verwenden.

2 Für den Teig Mehl mit Backpulver mischen, in eine verschließbare Schüssel (3-Liter-Inhalt) sieben, mit Zucker, Vanillin-Zucker, Salz und Zitronenschale mischen. Eier, Speiseöl und den beiseite gestellten Joghurt hinzufügen. Schüssel mit dem Deckel fest verschließen.

3 Mehrmals (insgesamt 15–30 Sekunden) kräftig schütteln, so dass alle Zutaten gut vermischt sind. Mohnsamen hinzugeben. Alles mit einem Schneebesen oder Rührlöffel nochmals sorgfältig durchrühren, damit vor allem trockene Zutaten vom Rand mit untergerührt werden. Den Teig in eine Springform (Ø 26 cm, Boden gefettet, gemehlt) geben und glatt streichen.

4 Für den Belag Tortengusspulver mit Zucker, Kirschwasser und Johannisbeersaft verrühren. Die gefrorenen Johannisbeeren vorsichtig unterrühren. Die Johannisbeermasse auf dem Teigboden verteilen und mit einer Gabel spiralförmig unter den Teig ziehen. Die Form auf dem Rost in den Backofen schieben.

Ober-/Unterhitze: etwa 180 °C (vorgeheizt)
Heißluft: etwa 160 °C (vorgeheizt)
Gas: Stufe 2–3 (vorgeheizt)
Backzeit: etwa 30 Minuten.

5 Die Form auf einen Kuchenrost stellen. Den Kuchen etwa 10 Minuten in der Form stehen lassen, dann aus der Form lösen und auf einem Kuchenrost erkalten lassen.

6 Die Kuchenoberfläche mit Johannisbeeren und Melisse-Blättchen garnieren. Mit Puderzucker bestäuben.

Nektarinenkuchen

Zutaten

1 Tasse ≙ 200 ml

Zum Vorbereiten:
4-5 (750 g) Nektarinen
2 EL Zitronensaft

Für den Schüttelteig:
2 ½ Tassen (250 g) Weizenmehl
3 gestr. TL Backpulver
½ Tasse (75 g) Zucker
2 Pck. Vanillin-Zucker
1 Prise Salz
1 Pck. Finesse Geriebene Zitronenschale
3 Eier (Größe M)
½ Pck. (125 g) zerlassene, abgekühlte Butter oder Margarine
Saft von 1 Zitrone
¾ Becher (150 ml) Schlagsahne
1 Pck. (100 g) abgezogene, gemahlene Mandeln

Zum Bestreuen:
1 Pck. (100 g) abgezogene, gehobelte Mandeln

Zubereitungszeit:
35 Minuten

Insgesamt:
E: 100 g, F: 279 g, Kh: 394 g, kJ: 19958, kcal: 4766

EINFACH

1 Zum Vorbereiten Nektarinen waschen, trockentupfen, halbieren, entsteinen und in Spalten schneiden. Nektarinenspalten mit Zitronensaft beträufeln und etwas durchziehen lassen.

2 Für den Teig Mehl mit Backpulver mischen, in eine verschließbare Schüssel (3-Liter-Inhalt) sieben, mit Zucker, Vanillin-Zucker, Salz und Zitronenschale mischen. Eier, Butter oder Margarine, Zitronensaft und Sahne hinzufügen. Schüssel mit dem Deckel fest verschließen.

3 Mehrmals (insgesamt 15–30 Sekunden) kräftig schütteln, so dass alle Zutaten gut vermischt sind. Mandeln hinzugeben. Alles mit einem Schneebesen oder Rührlöffel nochmals sorgfältig durchrühren, damit vor allem trockene Zutaten vom Rand mit untergerührt werden.

4 Den Teig in eine Springform (Ø 26 cm, Boden gefettet) geben und glatt streichen. Die Nektarinenspalten auf den Teig legen und mit Mandeln bestreuen. Die Form auf dem Rost in den Backofen schieben.

Ober-/Unterhitze: etwa 180 °C (vorgeheizt)
Heißluft: etwa 160 °C (nicht vorgeheizt)
Gas: Stufe 2–3 (nicht vorgeheizt)
Backzeit: etwa 60 Minuten.

5 Die Form auf einen Kuchenrost stellen. Den Kuchen in der Form erkalten lassen. Dann aus der Form lösen. Den Kuchen auf eine Tortenplatte legen.

Apfelmuskuchen mit Haferflocken

Zutaten

Zum Vorbereiten:
2 Becher (je 250 g) Schmand

Für den All-in-Teig:
1 ¼ Becher (200 g) Weizenmehl
3 gestr. TL Backpulver
¾ Becher (150 g) Zucker
1 Pck. Vanillin-Zucker
½ TL gemahlener Zimt
1 Prise Salz
½ TL Finesse Geriebene Zitronenschale
4 Eier (Größe M)
6 EL Speiseöl
2 Becher (200 g) Haferflocken
1 Glas Apfelmus (Einwaage 355 g)

Für die Krokantmasse:
6–7 EL Haferflocken
2 EL Sonnenblumenkerne
4 EL Zucker

Zubereitungszeit:
45 Minuten, ohne Abkühlzeit

Insgesamt:
E: 106 g, F: 219 g, Kh: 599 g, kJ: 20798, kcal: 4970

FÜR KINDER – EINFACH

1 Zum Vorbereiten Schmand in eine Schüssel geben und zugedeckt kalt stellen. Einen Schmandbecher auswaschen, abtrocknen und zum Abmessen verwenden.

2 Für den Teig Mehl mit Backpulver mischen und in eine Rührschüssel sieben. Zucker, Vanillin-Zucker, Zimt, Salz, Zitronenschale, Eier, Speiseöl und ½ Becher (125 g) von dem kalt gestellten Schmand hinzufügen. Die Zutaten in 2 Minuten mit Handrührgerät mit Rührbesen auf höchster Stufe zu einem glatten Teig verarbeiten. Haferflocken und Apfelmus unterrühren.

3 Den Teig in eine Springform (Ø 26 cm, Boden gefettet) geben und glatt streichen. Die Form auf dem Rost in den Backofen schieben.

Ober-/Unterhitze: etwa 180 °C (vorgeheizt)
Heißluft: etwa 160 °C (nicht vorgeheizt)
Gas: Stufe 2–3 (nicht vorgeheizt)
Backzeit: etwa 55 Minuten.

4 Die Form auf einen Kuchenrost stellen. Den restlichen, kalt gestellten Schmand verrühren und auf den heißen Kuchen streichen. Den Kuchen erkalten lassen.

5 Für die Krokantmasse Haferflocken und Sonnenblumenkerne in einer Pfanne ohne Fett goldbraun rösten und aus der Pfanne nehmen. Zucker in der Pfanne schmelzen lassen. Die Sonnenblumenkern-Haferflocken-Mischung dazugeben und mit dem Zucker goldbraun karamellisieren. Die Krokantmasse auf ein Stück Backpapier geben und erkalten lassen.

6 Die Krokantmasse mit den Händen zerkrümeln. Krokantstreusel auf den Kuchen streuen.

Apfel-Preiselbeer-Kuchen mit Cornflakes

Zutaten

1 Tasse ≙ 200 ml

Zum Vorbereiten:
4 Äpfel (etwa 500 g)
2 EL Zitronensaft
½ Pck. (100 g) Marzipan-Rohmasse

Für den Rührteig:
½ Pck. (125 g) Butter oder Margarine
⅔ Tasse (100 g) Zucker
1 Pck. Vanillin-Zucker
3 Eier (Größe M)
2 ½ Tassen (250 g) Weizenmehl
2 gestr. TL Backpulver
4 EL Milch

Für den Belag:
¼ Pck. (60 g) Butter
⅔ Tasse (100 g) Zucker
2 EL Schlagsahne
2 Tassen (50 g) Cornflakes
½ kleines Glas (100 g) Wild-Preiselbeeren

Zubereitungszeit:
90 Minuten

Insgesamt:
E: 71 g, F: 220 g, Kh: 551 g, kJ: 19349, kcal: 4621

FÜR KINDER

1 Zum Vorbereiten Äpfel schälen, vierteln und entkernen. Apfelviertel in dickere Spalten schneiden und mit Zitronensaft beträufeln. Marzipan-Rohmasse in kleine Stücke schneiden.

2 Für den Teig Butter oder Margarine und Marzipan-Rohmasse mit Handrührgerät mit Rührbesen auf höchster Stufe geschmeidig rühren. Nach und nach Zucker und Vanillin-Zucker unterrühren. So lange rühren, bis eine gebundene Masse entstanden ist. Eier nach und nach unterrühren (jedes Ei etwa ½ Minute). Mehl mit Backpulver mischen, sieben, abwechselnd portionsweise mit der Milch auf mittlerer Stufe unterrühren.

3 Den Teig in eine Springform (Ø 26 cm, Boden gefettet) geben und glatt streichen. Apfelspalten darauf verteilen. Die Form auf dem Rost in den Backofen schieben.

Ober-/Unterhitze: etwa 180 °C (vorgeheizt)
Heißluft: etwa 160 °C (nicht vorgeheizt)
Gas: Stufe 2–3 (nicht vorgeheizt)
Backzeit: etwa 45 Minuten.

4 Die Form auf einen Kuchenrost stellen. Für den Belag Butter, Zucker und Sahne in einem kleinen Topf zum Kochen bringen. Den Topf von der Kochstelle nehmen und Cornflakes unterrühren. Wild-Preiselbeeren in die Zwischenräume der Apfelspalten geben. Den Cornflakes-Guss gleichmäßig darauf verteilen. Die Form wieder auf dem Rost in den Backofen schieben und den Kuchen fertig backen.

Ober-/Unterhitze: etwa 180 °C (vorgeheizt)
Heißluft: etwa 160 °C (vorgeheizt)
Gas: Stufe 2–3 (vorgeheizt)
Backzeit: etwa 15 Minuten.

5 Den Kuchen aus der Form lösen und auf einem Kuchenrost erkalten lassen.

Espresso-Karamell-Kuchen

Zutaten

1 Tasse ≙ 250 ml

Für den Rührteig:
- 1 Pck. (250 g) Butter oder Margarine
- 1 Tasse (220 g) Zucker
- 1 Prise Salz
- 5 Eier (Größe M)
- 2 Tassen (340 g) Weizenmehl
- 2 gestr. TL Backpulver
- 3 gestr. TL Instant-Espresso-Pulver
- 1–2 EL brauner Rum
- 1 Pck. Karamell-Kugeln (100 g, z.B. Daim)

Für den Guss:
- 2–3 TL Instant-Espresso-Pulver
- 2 EL heißes Wasser
- 4–5 EL Puderzucker

Zubereitungszeit:
40 Minuten, ohne Abkühlzeit

Insgesamt:
E: 82 g, F: 254 g, Kh: 570 g,
kJ: 21468, kcal: 5129

GUT VORZUBEREITEN

1 Für den Teig Butter oder Margarine mit Handrührgerät mit Rührbesen auf höchster Stufe geschmeidig rühren. Nach und nach Zucker und Salz unterrühren. So lange rühren, bis eine gebundene Masse entstanden ist.

2 Eier nach und nach unterrühren (jedes Ei etwa ½ Minute). Mehl mit Backpulver mischen, sieben, portionsweise auf mittlerer Stufe unterrühren. Den Teig halbieren. Espresso-Pulver und Rum verrühren und unter eine Teighälfte rühren.

3 Mit einem Esslöffel abwechselnd etwas von dem hellen und dunklen Teig in eine Kastenform (30 x 11 cm, gefettet, mit Backpapier ausgelegt) geben. Auf jede Teigschicht einige Karamell-Kugeln streuen. Die Form auf dem Rost in den Backofen schieben.

Ober-/Unterhitze: etwa 180 °C (vorgeheizt)
Heißluft: etwa 160 °C (nicht vorgeheizt)
Gas: Stufe 2–3 (nicht vorgeheizt)
Backzeit: etwa 60 Minuten.

4 Den Kuchen aus der Form lösen und auf einem Kuchenrost erkalten lassen.

5 Für den Guss Espresso-Pulver und Wasser verrühren. Puderzucker nach und nach unterrühren. Den Kuchen mit dem Guss bestreichen. Guss fest werden lassen.

Eierlikör-Pflaumen-Kuchen

Zutaten

1 Tasse ≙ 200 ml

Für den Rührteig:
1 Pck. (250 g) Butter oder Margarine
1 Tasse (150 g) Zucker
1 Pck. Vanillin-Zucker
3 Eier (Größe M)
2 Tassen (200 g) Weizenmehl
1 Tasse (100 g) Speisestärke
½ Pck. Backpulver
½ Tasse (100 ml) Eierlikör
1 Tasse (120 g) Pflaumenmus
4 EL abgezogene, gehackte Mandeln

Für die Form:
3 EL abgezogene, gehobelte Mandeln

Zum Bestäuben:
2 EL Puderzucker

Zubereitungszeit:
35 Minuten, ohne Abkühlzeit

Insgesamt:
E: 66 g, F: 270 g, Kh: 496 g, kJ: 20989, kcal: 5014

EINFACH – MIT ALKOHOL

1 Für den Teig Butter oder Margarine mit Handrührgerät mit Rührbesen auf höchster Stufe geschmeidig rühren. Nach und nach Zucker und Vanillin-Zucker unterrühren. So lange rühren, bis eine gebundene Masse entstanden ist.

2 Eier nach und nach unterrühren (jedes Ei etwa ½ Minute). Mehl mit Speisestärke und Backpulver mischen, sieben, abwechselnd portionsweise mit Eierlikör auf mittlerer Stufe unterrühren.

3 Pflaumenmus mit Mandeln verrühren. Ein Drittel des Teiges in eine Kastenform (25 x 11 cm, gefettet, mit Mandeln ausgestreut) geben. Die Hälfte der Pflaumenmus-Masse auf dem Teig verteilen, jedoch nicht bis an den Rand der Form, damit der Kuchen nicht in der Form haften bleibt. Wieder ein Drittel des Teiges darauf geben. Restliche Pflaumenmus-Masse darauf verteilen und mit dem restlichen Teig bestreichen. Die Form auf dem Rost in den Backofen schieben.

Ober-/Unterhitze: etwa 180 °C (vorgeheizt)
Heißluft: etwa 160 °C (nicht vorgeheizt)
Gas: Stufe 2–3 (nicht vorgeheizt)
Backzeit: etwa 65 Minuten.

4 Den Kuchen in der Form auf einem Kuchenrost etwas abkühlen lassen. Dann aus der Form lösen und auf einen Kuchenrost geben. Den Kuchen erkalten lassen und mit Puderzucker bestäuben.

Erdbeer-Kastenkuchen

Zutaten

Zum Vorbereiten:
2 Becher (je 150 g) Erdbeerjoghurt

Für den Rührteig:
½ Pck. (125 g) Butter oder Margarine
½ Becher (75 g) Zucker
1 TL Finesse Geriebene Zitronenschale
½ Becher (150 g) Erdbeerkonfitüre
3 Eier (Größe M)
3 Becher (330 g) Weizenmehl
3 gestr. TL Backpulver
einige Tropfen rote Speisefarbe

Für die Füllung:
1 Becher (250 g) Mascarpone (italienischer Frischkäse)
1 Pck. Sahnesteif
1 EL Puderzucker

Zum Beträufeln:
1 EL Erdbeerkonfitüre

Zubereitungszeit:
55 Minuten, ohne Kühlzeit

Insgesamt:
E: 83 g, F: 242 g, Kh: 493 g, kJ: 19438, kcal: 4645

RAFFINIERT – FÜR KINDER

1 Zum Vorbereiten Joghurt in eine Rührschüssel geben und zugedeckt kalt stellen. Einen Joghurtbecher auswaschen, abtrocknen und zum Abmessen verwenden.

2 Für den Teig Butter oder Margarine mit Handrührgerät mit Rührbesen auf höchster Stufe geschmeidig rühren. Nach und nach Zucker, Zitronenschale und Konfitüre unterrühren. So lange rühren, bis eine gebundene Masse entstanden ist.

3 Eier nach und nach unterrühren (jedes Ei etwa ½ Minute). Mehl und Backpulver mischen, sieben, portionsweise auf mittlerer Stufe unterrühren. Speisefarbe unterrühren.

4 Den Teig in eine Kastenform (25 x 11 cm, gefettet, mit Backpapier ausgeslegt) füllen und glatt streichen. Die Form auf dem Rost in den Backofen schieben.

Ober-/Unterhitze: etwa 180 °C (vorgeheizt)
Heißluft: etwa 160 °C (nicht vorgeheizt)
Gas: Stufe 2–3 (nicht vorgeheizt)
Backzeit: etwa 55 Minuten.

5 Den Kuchen 10 Minuten in der Form abkühlen lassen, dann aus der Form stürzen. Kuchen auf einem Kuchenrost erkalten lassen. Mitgebackenes Backpapier entfernen. Den Kuchen wieder umdrehen.

6 Die Kuchenkruste an der Oberfläche gerade schneiden, dann der Länge nach einen Keil (3 cm tief) aus dem Kuchen schneiden.

7 Für die Füllung Mascarpone, Sahnesteif und Puderzucker mit dem kalt gestellten Joghurt mit Handrührgerät mit Rührbesen auf mittlerer Stufe geschmeidig rühren.

8 Drei Viertel der Käse-Joghurt-Masse in den Kuchen füllen und glatt streichen. Den ausgeschnittenen Keil mit der Kruste nach unten auf die Füllung legen und mit der restlichen Füllung bestreichen.

(Fortsetzung Seite 34)

9 Zum Beträufeln Konfitüre in einem kleinen Topf aufkochen lassen und durch ein Sieb streichen. Die Konfitüre in einen kleinen Gefrierbeutel füllen, eine kleine Ecke abschneiden. Den Kuchen mit der Konfitüre beträufeln. Kuchen etwa 1 Stunde kalt stellen.

Malzbierkuchen mit Ananas

Zutaten

1 Tasse ≙ 250 ml

Zum Vorbereiten:
1 kleine Dose Ananasstücke (Abtropfgewicht 250 g)
1 ½ Tassen (150 g) geröstete, leicht gesalzene Erdnusskerne

Für den Rührteig:
1 Pck. (250 g) Butter oder Margarine
1 Tasse (220 g) Zucker
1 TL Finesse Geriebene Zitronenschale
3 Eier (Größe M)
2 ½ Tassen (425 g) Weizenmehl
3 gestr. TL Backpulver
½ Tasse (125 ml) Malzbier

Zum Füllen:
½ Glas (175 g) Erdnusscreme mit Erdnussstückchen

Zubereitungszeit:
50 Minuten, ohne Abkühlzeit

Insgesamt:
E: 148 g, F: 400 g, Kh: 620 g, kJ: 28898, kcal: 6905

RAFFINIERT

1 Zum Vorbereiten Ananasstücke in einem Sieb abtropfen lassen, den Saft dabei auffangen. Größere Ananasstücke etwas kleiner schneiden. Erdnusskerne fein hacken.

2 Für den Teig Butter oder Margarine mit Handrührgerät mit Rührbesen auf höchster Stufe geschmeidig rühren. Nach und nach Zucker und Zitronenschale unterrühren. So lange rühren, bis eine gebundene Masse entstanden ist.

3 Eier nach und nach unterrühren (jedes Ei etwa ½ Minute). Mehl und Backpulver mischen, sieben, abwechselnd portionsweise mit dem Malzbier auf mittlerer Stufe unterrühren. Erdnusskerne mit den Ananasstücken mischen und unterheben.

4 Den Teig in eine Kastenform (30 x 11 cm, gefettet, mit Backpapier ausgelegt) geben und glatt streichen. Die Form auf dem Rost in den Backofen schieben.

Ober-/Unterhitze: etwa 180 °C (vorgeheizt)
Heißluft: etwa 160 °C (nicht vorgeheizt)
Gas: Stufe 2–3 (nicht vorgeheizt)
Backzeit: etwa 55 Minuten.

5 Den Kuchen 10 Minuten in der Form stehen lassen, dann aus der Form lösen und auf einem Kuchenrost erkalten lassen. Mitgebackenes Backpapier entfernen.

6 Den Kuchen zweimal waagerecht durchschneiden. Den unteren Boden mit der Hälfte der Erdnusscreme bestreichen, mit dem mittleren Boden bedecken und etwas andrücken. Den mittleren Boden mit der restlichen Erdnusscreme bestreichen, den oberen Boden darauf legen und etwas andrücken.

Marmor-Tassenkuchen

Zutaten

1 Tasse ≙ 200 ml

Für den All-in-Teig:
- 3 Tassen (300 g) Weizenmehl
- 1 gestr. TL Natron
- 1 Pck. Backpulver
- 2 Tassen (300 g) Zucker
- 1 Pck. Vanillin-Zucker
- 4 Eier (Größe M)
- 1 Pck. (250 g) Butter oder Margarine
- 1 Becher (200 ml) saure Sahne
- 1 geh. EL gesiebtes Kakaopulver
- 1 EL Milch

Zum Verzieren:
- 50 g Halbbitter-Kuvertüre
- 1 TL Speiseöl

Zubereitungszeit:
25 Minuten, ohne Abkühlzeit

Insgesamt:
E: 75 g, F: 280 g, Kh: 567 g, kJ: 21913, kcal: 5236

EINFACH – FÜR KINDER

1 Für den Teig Mehl mit Natron und Backpulver mischen und in eine Rührschüssel sieben. Zucker, Vanillin-Zucker, Eier, Butter oder Margarine und Sahne hinzufügen. Die Zutaten in 2 Minuten mit Handrührgerät mit Rührbesen auf höchster Stufe zu einem glatten Teig verarbeiten.

2 Die Hälfte des Teiges in eine Kastenform (25 x 11 cm, gefettet, mit Mehl ausgestäubt) füllen. Unter den restlichen Teig Kakao und Milch rühren.

3 Den dunklen Teig auf dem hellen Teig verteilen. Eine Gabel spiralförmig durch die Teigschichten ziehen, so dass ein Marmormuster entsteht. Die Form auf dem Rost in den Backofen schieben.

Ober-/Unterhitze: etwa 180 °C (vorgeheizt)
Heißluft: etwa 160 °C (nicht vorgeheizt)
Gas: Stufe 2–3 (nicht vorgeheizt)
Backzeit: etwa 50 Minuten.

4 Den Kuchen 10 Minuten in der Form stehen lassen, dann aus der Form lösen und auf einem mit Backpapier belegten Kuchenrost erkalten lassen.

5 Zum Verzieren Kuvertüre in kleine Stücke hacken, mit Speiseöl in einem kleinen Topf im Wasserbad bei schwacher Hitze zu einer geschmeidigen Masse verrühren.

6 Die Masse ein Pergamentpapiertütchen füllen, eine kleine Ecke abschneiden. Den Kuchen damit besprenkeln. Die Kuvertüre fest werden lassen.

Früchtekuchen mit Haferflocken

Zutaten

1 Tasse ≙ 250 ml

Zum Vorbereiten:
1 Dose Aprikosenhälften (Abtropfgewicht 240 g)
½ Pck. (150 g) TK-Blaubeeren
½ Pck. Finesse Geriebene Zitronenschale

Für den All-in-Teig:
1 Tasse (170 g) Weizenmehl
2 gestr. TL Backpulver
½ Pck. Finesse Geriebene Zitronenschale
½ Tasse (110 g) Zucker
1 Pck. Vanillin-Zucker
1 Prise Salz
2 Eier (Größe M)
6 EL Speiseöl
½ Tasse (125 ml) Aprikosensaft
1 Tasse (100 g) kernige Haferflocken

Für den Guss:
1 Tasse (140 g) gesiebter Puderzucker
1 EL Zitronensaft

Zubereitungszeit:
40 Minuten, ohne Abkühlzeit

Insgesamt:
E: 50 g, F: 83 g, Kh: 553 g, kJ: 13649, kcal: 3259

FRUCHTIG

1 Zum Vorbereiten Aprikosenhälften in einem Sieb gut abtropfen lassen, den Saft dabei auffangen. Aprikosenhälften fein würfeln. Aprikosenwürfel mit den gefrorenen Blaubeeren und der Zitronenschale mischen.

2 Für den Teig Mehl mit Backpulver mischen und in eine Rührschüssel sieben. Zitronenschale, Zucker, Vanillin-Zucker, Salz, Eier, Öl und Aprikosensaft hinzufügen. Die Zutaten in 2 Minuten mit Handrührgerät mit Rührbesen auf höchster Stufe zu einem glatten Teig verarbeiten. Die vorbereitete Früchtemischung und Haferflocken hinzugeben und vorsichtig unterheben.

3 Den Teig in 4 kleine Kastenformen (je 300 ml Inhalt, gefettet, gemehlt) verteilen. Die Formen auf dem Rost in den Backofen schieben.

Ober-/Unterhitze: etwa 180 °C (vorgeheizt)
Heißluft: etwa 160 °C (nicht vorgeheizt)
Gas: Stufe 2–3 (nicht vorgeheizt)
Backzeit: etwa 35 Minuten.

4 Die Kuchen etwa 10 Minuten in den Formen abkühlen lassen, dann auf einen Kuchenrost stürzen. Die Kuchen wieder umdrehen.

5 Für den Guss Puderzucker, Zitronensaft und 1–2 Esslöffel von dem aufgefangenen Aprikosensaft zu einer dickflüssigen Masse verrühren. Die Kuchenoberflächen sofort mit dem Guss bestreichen. Die Kuchen erkalten lassen.

Tipp: *Der Teig kann auch in einer Kastenform (25 x 11 cm, gefettet, mit Backpapier ausgelegt) und* ***bei der oben angegebenen Backtemperatur etwa 55 Minuten*** *gebacken werden.*

Preiselbeer-Gugelhupf

Zutaten

1 Tasse ≙ 200 ml

Zum Vorbereiten:
1 Pck. (100 g) abgezogene, gestiftelte Mandeln

Für den Rührteig:
1 Pck. (250 g) Butter oder Margarine
1 ½ Tassen (225 g) Zucker
1 Prise Salz
1 Pck. Vanillin-Zucker
4 Eier (Größe M)
4 Tassen (400 g) Weizenmehl
4 gestr. TL Backpulver
1 Glas Preiselbeeren (Einwaage 400 g)

Für den Guss:
1–2 EL Zitronensaft
1 Tasse (125 g) gesiebter Puderzucker

Zubereitungszeit:
35 Minuten, ohne Abkühlzeit

Insgesamt:
E: 96 g, F: 291 g, Kh: 770 g, kJ: 26487, kcal: 6328

RAFFINIERT – GUT VORZUBEREITEN

1 Zum Vorbereiten Mandeln in einer Pfanne ohne Fett goldbraun rösten. Mandeln erkalten lassen.

2 Für den Teig Butter oder Margarine mit Handrührgerät mit Rührbesen auf höchster Stufe geschmeidig rühren. Nach und nach Zucker, Salz und Vanillin-Zucker unterrühren. So lange rühren, bis eine gebundene Masse entstanden ist.

3 Eier nach und nach unterrühren (jedes Ei etwa ½ Minute). Mehl und Backpulver mischen, sieben und portionsweise auf mittlerer Stufe unterrühren. Preiselbeeren (2 Esslöffel Preiselbeeren beiseite stellen) und die gerösteten Mandeln unterrühren.

4 Den Teig in eine Gugelhupfform (Ø 22 cm, gefettet) geben und glatt streichen. Die Form auf dem Rost in den Backofen schieben.

Ober-/Unterhitze: etwa 180 °C (vorgeheizt)
Heißluft: etwa 160 °C (nicht vorgeheizt)
Gas: Stufe 2–3 (nicht vorgeheizt)
Backzeit: etwa 60 Minuten.

5 Den Gugelhupf 10 Minuten in der Form abkühlen lassen, dann aus der Form lösen und auf einen mit Backpapier belegten Kuchenrost stürzen. Den Gugelhupf erkalten lassen.

6 Für den Guss die beiseite gestellten Preiselbeeren und Zitronensaft durch ein Sieb streichen. Aufgefangenes Püree mit Puderzucker verrühren. Den Kuchen mit dem Guss bestreichen. Guss fest werden lassen.

Kirsch-Marmorkuchen

Zutaten

1 Tasse ≙ 250 ml

Für den Rührteig:
1 Pck. (250 g) Butter oder Margarine
1 Tasse (220 g) Zucker
1 Pck. Vanillin-Zucker
1 Prise Salz
4 Eier (Größe M)
3 ½ Tassen (425 g) Weizenmehl
3 gestr. TL Backpulver
½ Tasse (125 ml) Milch
1 Pck. Pudding-Pulver Kirsch-Geschmack, z. B. Fruttina
1 gestr. TL Backpulver
3 EL Zucker
1 geh. EL (10 g) fein gehackter, kandierter Ingwer

Für den Guss:
¾ Tasse (100 g) gesiebter Puderzucker
1 ½ EL Zitronensaft
einige Tropfen rote Speisefarbe

Zum Garnieren:
einige kandierte Kirschen

Zubereitungszeit:
35 Minuten, ohne Abkühlzeit

Insgesamt:
E: 83 g, F: 241 g, Kh: 762 g, kJ: 24164, kcal: 6063

RAFFINIERT – FÜR KINDER

1 Für den Teig Butter oder Margarine mit Handrührgerät mit Rührbesen auf höchster Stufe geschmeidig rühren. Nach und nach Zucker, Vanillin-Zucker und Salz unterrühren. So lange rühren, bis eine gebundene Masse entstanden ist.

2 Eier nach und nach unterrühren (jedes Ei etwa ½ Minute). Mehl und Backpulver mischen, sieben, abwechselnd portionsweise mit der Hälfte der Milch auf mittlerer Stufe unterrühren.

3 Die Hälfte des Teiges in eine Gugelhupfform (Ø 22 cm, gefettet) geben und glatt streichen.

4 Pudding-Pulver und Backpulver mischen, mit Zucker, der restlichen Milch und dem Ingwer unter die zweite Teighälfte rühren.

5 Den roten Teig auf dem hellen Teig verteilen, eine Gabel spiralförmig durch die Teigschichten ziehen, so dass ein Marmormuster entsteht. Die Form auf dem Rost in den Backofen schieben.

Ober-/Unterhitze: etwa 180 °C (vorgeheizt)
Heißluft: etwa 160 °C (nicht vorgeheizt)
Gas: Stufe 2–3 (nicht vorgeheizt)
Backzeit: etwa 55 Minuten.

6 Den Kuchen 10 Minuten in der Form abkühlen lassen, dann aus der Form lösen und auf einen mit Backpapier belegten Kuchenrost stürzen. Kuchen erkalten lassen.

7 Für den Guss Puderzucker, Zitronensaft und Speisefarbe zu einer dickflüssigen Masse verrühren. Den Kuchen mit dem Guss bestreichen.

8 Zum Garnieren Kirschen halbieren und auf den feuchten Guss legen. Guss fest werden lassen.

Grüner Käsekuchen

Zutaten

Zum Vorbereiten:
3 Pck. (je 200 g) Doppelrahm-Frischkäse

Für die Käsemasse:
1 EL Speiseöl
2 Eier (Größe M)
2 Eigelb (Größe M)
1 Becher (250 ml) Waldmeistersirup
2 EL Zitronensaft
1 Pck. Finesse Geriebene Zitronenschale
½ Becher (100 g) Hartweizengrieß
1 Pck. Backpulver
2 Eiweiß (Größe M)
⅓ Becher (75 g) Zucker
1 Pck. (25 g) gehackte Pistazienkerne

Zum Garnieren:
5 Zweige Zitronenmelisse

Für den Guss:
½ Becher (70 g) gesiebter Puderzucker
1 EL Zitronensaft

Zubereitungszeit:
15 Minuten, ohne Abkühlzeit

Insgesamt:
E: 111 g, F: 237 g, Kh: 428 g, kJ: 18517, kcal: 4421

FÜR KINDER – RAFFINIERT

1 Zum Vorbereiten Frischkäse in eine Rührschüssel geben. Einen Becher auswaschen, abtrocknen und zum Abmessen verwenden.

2 Für die Käsemasse Speiseöl, Eier, Eigelb, Sirup, Zitronensaft und -schale zu dem Frischkäse geben. Die Zutaten mit Handrührgerät mit Rührbesen auf höchster Stufe geschmeidig rühren. Grieß mit Backpulver mischen und auf mittlerer Stufe unterrühren.

3 Eiweiß steif schlagen. Zucker nach und nach unterschlagen. Eischnee und Pistazienkerne unter die Käsemasse heben. Den Teig in eine Kranz- oder Springform mit Rohrboden (Ø 24–26 cm, gefettet, mit Mehl ausgestäubt) füllen. Die Form auf dem Rost in den Backofen schieben.

Ober-/Unterhitze: etwa 180 °C (vorgeheizt)
Heißluft: etwa 160 °C (nicht vorgeheizt)
Gas: Stufe 2–3 (nicht vorgeheizt)
Backzeit: etwa 50 Minuten.

4 Die Form auf einen Kuchenrost stellen. Den Kuchen in der Form erkalten lassen, dann auf einen Kuchenrost stürzen.

5 Zum Garnieren Zitronenmelisse abspülen, trockentupfen und die Blättchen abzupfen. Melisseblättchen auf den Kuchen legen.

6 Für den Guss Puderzucker und Zitronensaft verrühren. Den Guss auf den Kuchen träufeln. Guss fest werden lassen.

Beigabe: *Vanillesauce.*

Mokka-Makronen-Kuchen

Zutaten

1 Tasse ≙ 200 ml

Zum Vorbereiten:
gut ½ Tasse (125 ml [⅛ l]) Milch
½ Tafel (50 g) Vollmilch-schokolade mit Mokka-Sahne-Cremefüllung
1 EL gesiebtes Kakaopulver

Für den Rührteig:
1 Pck. (250 g) Butter oder Margarine
gut 1 Tasse (180 g) Zucker
3 Eier, 1 Eigelb (Größe M)
2 ½ Tassen (250 g) Weizenmehl
3 gestr. TL Backpulver

Für die Makronenmasse:
1 Eiweiß (Größe M)
2 EL Zucker
½ Tasse (50 g) Macadamia-nusskerne

Für den Guss und zum Verzieren:
1 ½ Tafeln (150 g) Vollmilch-schokolade mit Mokka-Sahne-Cremefüllung

Zum Garnieren:
einige Macadamianusskerne

Zubereitungszeit:
80 Minuten, ohne Abkühlzeit

Insgesamt:
E: 78 g, F: 354 g, Kh: 513 g, kJ: 23942, kcal: 5719

1 Zum Vorbereiten Milch in einem kleinen Topf aufkochen, von der Kochstelle nehmen. Schokolade in Stücke brechen. Schokoladenstücke und Kakao unter Rühren in der Milch auflösen. Die Milch-Schokolade unter Rühren erkalten lassen.

2 Für den Teig Butter oder Margarine mit Handrührgerät mit Rührbesen auf höchster Stufe geschmeidig rühren. Nach und nach Zucker unterrühren. So lange rühren, bis eine gebundene Masse entstanden ist.

3 Eier und Eigelb nach und nach unterrühren (jedes Ei/ Eigelb etwa ½ Minute). Mehl mit Backpulver mischen, sieben, abwechselnd portionsweise mit der Milch-Schokolade auf mittlerer Stufe unterrühren. Den Teig in eine Napfkuchenform (Ø 22 cm, gefettet, mit Mehl ausgestäubt) geben und glatt streichen.

4 Für die Makronenmasse Eiweiß mit Handrührgerät mit Rührbesen auf höchster Stuf steif schlagen. Der Schnee muss so fest sein, dass ein Messerschnitt sichtbar bleibt. Nach und nach Zucker unterschlagen. Nusskerne fein mahlen und vorsichtig unterheben.

5 Die Makronenmasse auf dem Teig verteilen und mit einer Gabel spiralförmig durch die Teigschichten ziehen. Die Form auf dem Rost in den Backofen schieben.

Ober-/Unterhitze: etwa 180 °C (vorgeheizt)
Heißluft: etwa 160 °C (nicht vorgeheizt)
Gas: Stufe 2–3 (nicht vorgeheizt)
Backzeit: etwa 60 Minuten.

6 Die Form auf einen Kuchenrost stellen. Den Kuchen 10 Minuten in der Form abkühlen lassen. Dann auf den Kuchenrost stürzen. Kuchen erkalten lassen.

7 Für den Guss Schokolade in kleine Stücke brechen, in einem kleinen Topf im Wasserbad bei schwacher Hitze zu einer geschmeidigen Masse verrühren. Etwas von der aufgelösten Schokolade in ein Pergamentpapiertütchen füllen, eine Spitze abschneiden.

(Fortsetzung Seite 48)

gut

8 Den Kuchen mit der restlichen Schokolade überziehen und mit der Schokolade aus dem Pergamentpapiertütchen verzieren. Nach Belieben Nusskerne in den feuchten Guss drücken. Guss fest werden lassen.

Aprikosen-Tarte

Zutaten

1 Tasse ≙ 250 ml

Zum Vorbereiten:
2 kleine Dosen Aprikosenhälften (Abtropfgewicht je 240 g)

Für den Rührteig:
½ Pck. (125 g) Butter oder Margarine
½ Becher (110 g) Zucker
1 gestr. TL Finesse Orangenfrucht
2 Eier (Größe M)
1 Becher (170 g) Weizenmehl
2 gestr. TL Backpulver
1 Pck. (25 g) gehackte Pistazienkerne

Zum Bestreichen:
3 geh. EL Aprikosenkonfitüre

Zubereitungszeit:
35 Minuten, ohne Abkühlzeit

Insgesamt:
E: 43 g, F: 131 g, Kh: 396 g, kJ: 12756, kcal: 3046

EINFACH – SCHNELL

1 Zum Vorbereiten Aprikosenhälften in einem Sieb gut abtropfen lassen.

2 Für den Teig Butter oder Margarine mit Handrührgerät mit Rührbesen auf höchster Stufe geschmeidig rühren. Nach und nach Zucker und Orangenfrucht unterrühren. So lange rühren, bis eine gebundene Masse entstanden ist.

3 Eier nach und nach unterrühren (jedes Ei etwa ½ Minute). Mehl mit Backpulver mischen, sieben, portionsweise auf mittlerer Stufe unterrühren. Den Teig in eine Tarteform (Ø 28 cm, gefettet) geben und glatt streichen. Pistazienkerne auf den Teig streuen und die Aprikosenhälften darauf verteilen.

4 Die Form auf dem Rost in den Backofen schieben.

Ober-/Unterhitze: etwa 200 °C (vorgeheizt)
Heißluft: etwa 180 °C (nicht vorgeheizt)
Gas: Stufe 3–4 (nicht vorgeheizt)
Backzeit: etwa 35 Minuten.

5 Die Form auf einen Kuchenrost stellen. Die Tarte in der Form erkalten lassen.

6 Zum Bestreichen Konfitüre in einem kleinen Topf unter Rühren aufkochen lassen. Die Tarte mit der Konfitüre bestreichen. Konfitüre fest werden lassen.

Beigabe: *Steif geschlagene Sahne.*

Kombucha-Krokant-Kuchen

Zutaten

1 Tasse ≙ 250 ml

Zum Vorbereiten:
1 kleine Dose Mandarinen (Abtropfgewicht 175 g)

Für den Schüttelteig:
3 Tassen (510 g) Weizenmehl
1 Pck. Backpulver
6 Eier (Größe M)
¾ Tasse (150 ml) Speiseöl
½ Tasse (125 g) flüssiger Orangenblüten-Honig
2 Fläschchen (je 125 ml) Kombucha Joghurtdrink-mild (von Mibell)
½ Tasse (60 g) Haselnuss-Krokant

Zum Tränken:
5 EL Kombucha-Teegetränk
1 Pck. Finesse Bourbon-Vanille-Aroma

Für den Guss:
1 ½ Tassen (210 g) gesiebter Puderzucker
3–4 EL Kombucha-Teegetränk

Zubereitungszeit:
50 Minuten, ohne Abkühlzeit

Insgesamt:
E: 105 g, F: 203 g, Kh: 791 g, kJ: 23410, kcal: 5594

RAFFINIERT

1 Zum Vorbereiten Mandarinen in einem Sieb gut abtropfen lassen, den Saft dabei auffangen.

2 Für den Teig Mehl mit Backpulver mischen, in eine verschließbare Schüssel (3-Liter-Inhalt) sieben. Eier, Speiseöl, Honig und Joghurtdrink hinzufügen. Schüssel mit dem Deckel fest verschließen.

3 Mehrmals (insgesamt 15–30 Sekunden) kräftig schütteln, so dass alle Zutaten gut vermischt sind. Alles mit einem Schneebesen oder Rührlöffel nochmals sorgfältig durchrühren, damit vor allem trockene Zutaten vom Rand mit untergerührt werden.

4 Mandarinen und Krokant vorsichtig unter den Teig heben. Den Teig in eine Napfkuchenform (Ø 24 cm, gefettet, mit Mehl ausgestäubt) geben und glatt streichen.

5 Die Form auf dem Rost in den Backofen schieben.

Ober-/Unterhitze: etwa 180 °C (vorgeheizt)
Heißluft: etwa 160 °C (nicht vorgeheizt)
Gas: Stufe 2–3 (nicht vorgeheizt)
Backzeit: etwa 60 Minuten.

6 Die Form auf einen Kuchenrost stellen. Den Kuchen 10 Minuten in der Form stehen lassen, dann aus der Form lösen und auf den Kuchenrost stürzen. Kuchen etwas abkühlen lassen.

7 Zum Tränken Teegetränk, Aroma und den aufgefangenen Mandarinensaft verrühren. Den warmen Kuchen damit tränken. Den Kuchen erkalten lassen.

8 Für den Guss Puderzucker mit Teegetränk zu einer geschmeidigen Masse verrühren. Den Kuchen mit dem Guss überziehen, fest werden lassen.

Aprikosen-Kirsch-Kuchen

Zutaten

1 Tasse ≙ 200 ml

Zum Vorbereiten:
1 kleine Dose Aprikosenhälften (Abtropfgewicht 240 g)

Für den All-in-Teig:
1 ½ Tassen (150 g) Weizenmehl
½ Tasse (50 g) Speisestärke
2 gestr. TL Backpulver
½ Tasse (75 g) Zucker
2 Pck. Vanillin-Zucker
3 Eier (Größe M), 2 EL Milch

Für den Teig I:
100 g Aprikosenhälften
½ Tasse (50 g) abgezogene, gemahlene Mandeln

Für den Teig II:
1 EL Kirsch-Drinkpulver, z. B. Quench, 1 EL Milch

Für die Füllung:
½ Becher (125 g) Mascarpone (italienischer Frischkäse)
1 Pck. Vanillin-Zucker
1 EL Aprikosensaft
140 g Aprikosenhälften

Zubereitungszeit:
70 Minuten, ohne Kühlzeit

Insgesamt:
E: 58 g, F: 103 g, Kh: 325 g, kJ: 10784, kcal: 2576

1 Zum Vorbereiten Aprikosenhälften in einem Sieb abtropfen lassen, den Saft dabei auffangen.

2 Für den Teig Mehl mit Backpulver mischen und in eine Rührschüssel sieben. Zucker, Vanillin-Zucker, Eier und Milch hinzufügen. Die Zutaten in 2 Minuten mit Handrührgerät mit Rührbesen auf höchster Stufe zu einem glatten Teig verarbeiten. Den Teig halbieren.

3 Für den Teig I Aprikosenhälften in kleine Würfel schneiden. Aprikosenwürfel und Mandeln unter eine Teighälfte rühren. Für den Teig II Drinkpulver und Milch unter den restlichen Teig rühren. Den Teig I (Aprikosenteig) in eine Kastenform (25 x 11 cm, gefettet, gemehlt oder mit Backpapier ausgelegt) der Länge nach zur Hälfte in die Kastenform füllen. Die andere Hälfte der Kastenform mit dem Teig II (Drinkpulverteig) füllen. Die Form auf dem Rost in den Backofen schieben.

Ober-/Unterhitze: etwa 180 °C (vorgeheizt)
Heißluft: etwa 160 °C (nicht vorgeheizt)
Gas: Stufe 2–3 (nicht vorgeheizt)
Backzeit: etwa 40 Minuten.

4 Die Form auf einen Kuchenrost stellen. Den Kuchen etwa 5 Minuten in der Form stehen lassen, dann aus der Form lösen und auf dem Kuchenrost erkalten lassen, evtl. mitgebackenes Backpapier entfernen. Den Kuchen der Länge nach in der Mitte senkrecht halbieren.

5 Für die Füllung Mascarpone mit Vanillin-Zucker und Aprikosensaft verrühren. Aprikosenhälften in kleine Würfel schneiden und unterheben. Den unteren Boden auf eine Kuchenplatte legen. Die Mascarpone-Aprikosen-Creme darauf verteilen. Den oberen Boden, um 180° Grad gedreht, darauf legen und etwas andrücken. Den Kuchen etwa 1 Stunde kalt stellen.

Tipp: *Wenn der Teig I (Aprikosenteig) in die Form gefüllt wird, die Kastenform schräg halten.*

Orangen-Mohn-Sirup-Kuchen

Zutaten

1 Tasse ≙ 200 ml

Zum Vorbereiten:
4 EL Mohnsamen
¾ Tasse (150 ml) Orangensaft

Für den Rührteig:
knapp 1 Pck. (200 g) Butter oder Margarine
1 Tasse (150 g) Zucker
1 Prise Salz
1 TL Finesse Orangenfrucht
4 Eier (Größe M)
3 Tassen (350 g) Weizenmehl
3 gestr. TL Backpulver
1 Pck. (100 g) abgezogene, gemahlene Mandeln

Für den Sirup:
1 ⅔ Tassen (225 g) Zucker
1 Tasse (200 ml) Orangensaft
5 EL Zitronensaft

Zubereitungszeit:
45 Minuten, ohne Quell- und Abkühlzeit

Insgesamt:
E: 104 g, F: 269 g, Kh: 709 g, kJ: 24661, kcal: 5893

GUT VORZUBEREITEN

1 Zum Vorbereiten Mohn mit Orangensaft übergießen und etwa 30 Minuten quellen lassen.

2 Für den Teig Butter oder Margarine mit Handrührgerät mit Rührbesen auf höchster Stufe geschmeidig rühren. Nach und nach Zucker, Salz und Orangenfrucht unterrühren. So lange rühren, bis eine gebundene Masse entstanden ist.

3 Eier nach und nach unterrühren (jedes Ei etwa ½ Minute). Mehl mit Backpulver mischen, sieben, portionsweise auf mittlerer Stufe unterrühren. Zuletzt Mandeln und die Mohn-Orangensaft-Mischung unterrühren.

4 Den Teig in eine Springform (Ø 26 cm, Boden gefettet) geben und glatt streichen. Die Form auf dem Rost in den Backofen schieben.

Ober-/Unterhitze: etwa 180 °C (vorgeheizt)
Heißluft: etwa 160 °C (nicht vorgeheizt)
Gas: Stufe 2–3 (nicht vorgeheizt)
Backzeit: etwa 45 Minuten.

5 Den Kuchen 10 Minuten in der Form abkühlen lassen, dann aus der Form lösen und auf einen Kuchenrost legen. Kuchen mit dem Kuchenrost auf ein Backblech stellen. Kuchen mit einem Holzstäbchen mehrfach einstechen.

6 Für den Sirup Zucker, Orangen- und Zitronensaft in einem kleinen Topf mischen und erhitzen, bis der Zucker geschmolzen ist. Das Ganze bei mittlerer Hitze etwa 2 Minuten ohne Deckel etwas einkochen lassen, dabei nicht umrühren!

7 Den Kuchen mit dem Sirup beträufeln, bis der gesamte Sirup vom Kuchen aufgesogen ist.

Pfirsich-Mandel-Kuchen

Zutaten

1 Tasse ≙ 200 ml

Zum Vorbereiten:
1 Pck. (100 g) abgezogene, gehackte Mandeln
1 kleine Dose Pfirsichhälften (Abtropfgewicht 250 g)

Für den Schüttelteig:
2 Tassen (200 g) Weizenmehl
2 gestr. TL Backpulver
1 Tasse (150 g) Zucker
3 Eier (Größe M)
gut ¾ Pck. (200 g) zerlassene, abgekühlte Butter oder Margarine
2 EL Weinbrand
einige Tropfen Bittermandel-Aroma

Zum Bestäuben:
Puderzucker

Zubereitungszeit:
40 Minuten, ohne Abkühlzeit

Insgesamt:
E: 67 g, F: 240 g, Kh: 366 g, kJ: 17298, kcal: 4133

EINFACH

1 Zum Vorbereiten Mandeln in einer Pfanne ohne Fett goldbraun rösten. Mandeln erkalten lassen. Pfirsichhälften in einem Sieb gut abtropfen lassen und in feine Würfel schneiden.

2 Für den Teig Mehl mit Backpulver mischen und in eine verschließbare Schüssel (3-Liter-Inhalt) sieben, mit Zucker mischen. Eier, Butter oder Margarine, Weinbrand und Aroma hinzufügen. Schüssel mit dem Deckel fest verschließen.

3 Mehrmals (insgesamt 15–30 Sekunden) kräftig schütteln, so dass alle Zutaten gut vermischt sind. Mandeln und Pfirsichwürfel hinzugeben. Alles mit einem Schneebesen oder Rührlöffel nochmals sorgfältig durchrühren, damit vor allem trockene Zutaten vom Rand mit untergerührt werden.

4 Den Teig in eine Kastenform (25 x 11 cm, gefettet, mit Backpapier ausgelegt) geben und glatt streichen. Die Form auf dem Rost in den Backofen schieben.

Ober-/Unterhitze: etwa 180 °C (vorgeheizt)
Heißluft: etwa 160 °C (nicht vorgeheizt)
Gas: Stufe 2–3 (nicht vorgeheizt)
Backzeit: etwa 50 Minuten.

5 Den Kuchen etwa 10 Minuten in der Form stehen lassen, dann aus der Form lösen und auf einen mit Backpapier belegten Kuchenrost stürzen. Mitgebackenes Backpapier entfernen. Kuchen erkalten lassen. Den Kuchen mit Puderzucker bestäuben.

Tipp: *Statt in der Kastenform kann der Kuchen auch in einer Springform (Ø 24 cm) gebacken werden. Den Kuchen mit einer Schokoladenglasur überziehen, so bleibt er länger frisch.*

Bellini-Torte

Zutaten

1 Tasse ≙ 200 ml

Für den Rührteig:
½ Pck. (125 g) Butter oder Margarine
1 Tasse (150 g) Zucker
1 Pck. Vanillin-Zucker
3 Eier (Größe M)
2 Tassen (200 g) Weizenmehl, 2 gestr. TL Backpulver
5 EL Milch

Für den Belag:
8 Blatt weiße Gelatine
1 Dose Pfirsichhälften (Abtropfgewicht 500 g)
1 Pck. (500 g) Magerquark
½ Tasse (75 g) Zucker
3–4 EL Pfirsichlikör
Saft von ½ Zitrone
gut 1 Tasse (125 ml [⅛ l]) Prosecco
1 Becher (200 ml) Schlagsahne

2 EL abgezogene, gehobelte Mandeln zum Bestreuen

Zubereitungszeit:
60 Minuten, ohne Kühlzeit

Insgesamt:
E: 140 g, F: 204 g, Kh: 525 g, kJ: 20329, kcal: 4857

1 Für den Teig Butter oder Margarine mit Handrührgerät mit Rührbesen auf höchster Stufe geschmeidig rühren. Nach und nach Zucker und Vanillin-Zucker unterrühren. So lange rühren, bis eine gebundene Masse entstanden ist.

2 Eier nach und nach unterrühren (jedes Ei etwa ½ Minute). Mehl mit Backpulver mischen, sieben, abwechselnd portionsweise mit der Milch auf mittlerer Stufe unterrühren.

3 Den Teig in eine Springform (Ø 26 cm, Boden gefettet) füllen und glatt streichen. Die Form auf dem Rost in den Backofen schieben.

Ober-/Unterhitze: etwa 180 °C (vorgeheizt)
Heißluft: etwa 160 °C (vorgeheizt)
Gas: Stufe 2–3 (vorgeheizt)
Backzeit: etwa 25 Minuten.

4 Den Tortenboden in der Form etwas abkühlen lassen. Dann aus der Form lösen und auf einem Kuchenrost erkalten lassen.

5 Für den Belag Gelatine in kaltem Wasser nach Packungsanleitung einweichen.

6 Pfirsichhälften in einem Sieb abtropfen lassen, den Saft dabei auffangen. 2 Pfirsichhälften mit 4 Esslöffeln von dem Saft pürieren. Die restlichen Pfirsichhälften in Spalten schneiden und beiseite legen.

(Fortsetzung Seite 60)

7 Quark, Zucker, Likör und Zitronensaft gut verrühren. Prosecco unterrühren. 6 Blatt leicht ausgedrückte Gelatine in einem kleinen Topf unter Rühren erwärmen (nicht kochen), bis sie völlig gelöst ist. 3 Esslöffel der Quarkmasse unterrühren. Dann alles zur restlichen Quarkmasse geben, gut verrühren und kalt stellen.

8 Restliche, leicht ausgedrückte Gelatine wie unter Punkt 7 beschrieben, auflösen. Gelatinelösung mit dem Pfirsichpüree gut verrühren.

9 Wenn die Quarkmasse anfängt dicklich zu werden, Sahne steif schlagen und unterheben. Pfirsichpüree als „Schlieren“ unter die Quark-Sahne-Masse ziehen.

10 Den Tortenboden auf eine Tortenplatte legen. Einen Tortenring oder den gesäuberten Springformrand darumstellen. Die beiseite gestellten Pfirsichspalten auf dem Tortenboden verteilen. Die Quark-Pfirsich-Masse darauf geben und glatt streichen. Die Torte etwa 3 Stunden kalt stellen.

11 Mandeln in einer Pfanne ohne Fett goldbraun rösten, erkalten lassen. Den Tortenring oder Springformrand lösen und entfernen. Die Torte mit Mandeln bestreuen.

Rote-Grütze-Torte

1 Zum Vorbereiten Sahne in einen hohen Rührbecher geben und zugedeckt kalt stellen. Becher auswaschen, abtrocknen und zum Abmessen verwenden.

2 Für den Teig Butter oder Margarine mit Handrührgerät mit Rührbesen auf höchster Stufe geschmeidig rühren. Nach und nach Zucker und Vanillin-Zucker unterrühren. So lange rühren, bis eine gebundene Masse entstanden ist.

3 Eier und Eigelb nach und nach unterrühren (jedes Ei/Eigelb etwa ½ Minute). Mehl mit Kakao und Backpulver mischen, sieben, abwechselnd portionsweise mit 4 Esslöffeln von der kalt gestellten Sahne auf mittlerer Stufe unterrühren.

4 Den Teig in eine Springform (Ø 26 cm, Boden gefettet, mit Backpapier belegt) geben und glatt streichen.

5 Die Form auf dem Rost in den Backofen schieben und den Boden vorbacken.

Ober-/Unterhitze: etwa 180 °C (vorgeheizt)
Heißluft: etwa 160 °C (vorgeheizt)
Gas: Stufe 2–3 (vorgeheizt)
Backzeit: etwa 20 Minuten.

6 Die Form auf einen Kuchenrost stellen und das Gebäck etwas abkühlen lassen.

7 Für die Baisermasse Eiweiß mit Handrührgerät mit Rührbesen auf höchster Stufe steif schlagen. Der Schnee muss so fest sein, dass ein Messerschnitt sichtbar bleibt. Nach und nach Zucker unterschlagen.

8 Baisermasse auf den vorgebackenen Boden streichen. Die Form wieder auf dem Rost in den Backofen schieben und den Boden fertig backen.

(Fortsetzung Seite 62)

Zutaten

Foto Seite 63

Zum Vorbereiten:
1 Becher (200 ml)
Schlagsahne

Für den Rührteig:
½ Pck. (125 g) Butter oder Margarine
½ Becher (100 g) Zucker
1 Pck. Vanillin-Zucker
3 Eier (Größe M)
2 Eigelb (Größe M)
2 Becher (250 g) Weizenmehl
2 TL Kakaopulver
3 gestr. TL Backpulver

Für die Baisermasse:
2 Eiweiß (Größe M)
½ Becher (100 g) Zucker

Für den Belag:
5 Blatt weiße Gelatine
1 Pck. (500 g) Magerquark
4 EL Zucker
abgeriebene Schale und Saft von ½ Zitrone (unbehandelt)
1 Becher (250 g)
Rote Grütze (Dr. Oetker)

Zubereitungszeit:
75 Minuten, ohne Kühlzeit

Insgesamt:
E: 146 g, F: 203 g, Kh: 475 g, kJ: 18736, kcal: 4476

FRUCHTIG

Ober-/Unterhitze: etwa 180 °C (vorgeheizt)
Heißluft: etwa 160 °C (vorgeheizt)
Gas: Stufe 2–3 (vorgeheizt)
Backzeit: etwa 15 Minuten.

9 Die Form auf einen Kuchenrost stellen. Den Boden etwas abkühlen lassen, dann aus der Form lösen und auf dem Kuchenrost erkalten lassen. Den Boden einmal waagerecht durchschneiden.

10 Für die Füllung Gelatine in kaltem Wasser nach Packungsanleitung einweichen. Quark, Zucker, Zitronenschale und -saft zu einer geschmeidigen Masse verrühren. Rote Grütze unterrühren.

11 Die ausgedrückte Gelatine in einem kleinen Topf unter Rühren erwärmen (nicht kochen), bis sie völlig gelöst ist, leicht abkühlen lassen. 3 Esslöffel der Quark-Grütze-Masse zur Gelatine geben. Dann alles zur restlichen Quark-Grütze-Masse geben und gut verrühren, kalt stellen.

12 Restliche kalt gestellte Sahne steif schlagen. Wenn die Masse anfängt dicklich zu werden, Sahne unterheben. Den unteren Boden auf eine Platte legen. Einen Tortenring oder den gesäuberten Springrformrand darumstellen. Die Quark-Grütze-Masse auf den Boden geben und glatt streichen. Den oberen Boden (Baiserboden) darauf legen und etwas andrücken.

13 Die Torte etwa 3 Stunden kalt stellen. Den Tortenring oder Springformrand lösen und entfernen.

Mascarpone-Mango-Torte

Zutaten

Zum Vorbereiten:
1 Becher (250 g) Mascarpone (italienischer Frischkäse)
½ Becher (70 g) Pekannusskerne

Für den Biskuitteig:
3 Eier (Größe M)
½ Becher (125 g) Zucker
1 Pck. Finesse Geriebene Zitronenschale
7 EL (100 ml) Speiseöl
4 EL Milch
1 Becher (200 g) Weizenmehl, 2 gestr. TL Backpulver

Für den Belag:
2 Dosen Mangos in Scheiben (Abtropfgewicht je 225 g)
2 geh. EL Speisestärke
2 EL Wasser
1 Becher (250 ml) Mangosaft, evtl. mit Wasser auffüllen
4 Blatt weiße Gelatine
8 EL Karamellsirup (Sirop de Caramel von Monin)
1 Becher (200 ml) Schlagsahne

Zum Garnieren:
einige Pekannusshälften

Zubereitungszeit:
80 Minuten, ohne Kühlzeit

Insgesamt:
E: 78 g, F: 354 g, Kh: 534 g,
kJ: 24348, kcal: 5818

RAFFINIERT

1 Zum Vorbereiten Mascarpone in eine große Schüssel geben und zugedeckt kalt stellen. Den Becher auswaschen, abtrocknen und zum Abmessen verwenden. Pekannusskerne fein hacken.

2 Für den Teig Eier mit Handrührgerät mit Rührbesen auf höchster Stufe in 1 Minute schaumig schlagen. Zucker in 1 Minute einstreuen, dann noch etwa 2 Minuten schlagen. Zitronenschale, Speiseöl und Milch vorsichtig unterrühren. Mehl mit Backpulver mischen, die Hälfte davon auf die Eiercreme sieben, kurz auf niedrigster Stufe unterrühren. Restliches Mehlgemisch auf die gleiche Weise unterarbeiten. Pekannusskerne unterheben.

3 Den Teig in eine Springform (Ø 26 cm, Boden gefettet, mit Backpapier belegt) geben und glatt streichen. Die Form auf dem Rost in den Backofen schieben.

Ober-/Unterhitze: etwa 200 °C (vorgeheizt)
Heißluft: etwa 180 °C (vorgeheizt)
Gas: Stufe 3–4 (vorgeheizt)
Backzeit: etwa 25 Minuten.

4 Den Tortenboden aus der Form lösen und auf einen Kuchenrost stürzen. Mitgebackenes Backpapier entfernen. Boden erkalten lassen.

5 Für den Belag Mangoscheiben in einem Sieb gut abtropfen lassen, den Saft dabei auffangen. 3 Mangoscheiben und 4 Esslöffel von dem Saft beiseite stellen. Die restlichen Mangoscheiben fein würfeln.

6 Speisestärke mit Wasser anrühren. Restlichen Mangosaft evtl. mit Wasser auf 250 ml (¼ l) auffüllen und in einem Topf zum Kochen bringen. Angerührte Speisestärke unter Rühren in den von der Kochstelle genommenen Saft geben, kurz aufkochen lassen. Mangowürfel unterheben. Die Mangomasse abkühlen lassen.

(Fortsetzung Seite 66)

7 Den Tortenboden auf eine Platte legen. Einen Tortenring oder den gesäuberten Springformrand darumlegen. Die Mangomasse auf dem Boden verteilen und kalt stellen.

8 Gelatine in kaltem Wasser nach Packungsanleitung einweichen, leicht ausdrücken. Die ausgedrückte Gelatine in einem kleinen Topf unter Rühren erwärmen (nicht kochen), bis sie völlig gelöst ist, leicht abkühlen lassen. Den beiseite gestellten Mangosaft (4 Esslöffel) unterrühren.

9 Die kalt gestellte Mascarponecreme mit Sirup gut verrühren. Die aufgelöste Gelatineflüssigkeit unterrühren. Sahne steif schlagen und unterheben.

10 Die Mascarponecreme auf der Mangomasse verteilen und glatt streichen. Die Torte etwa 3 Stunden kalt stellen. Den Tortenring oder den gesäuberten Springformrand lösen und entfernen.

11 Zum Garnieren die beiseite gestellten Mangoscheiben in Spalten schneiden. Die Torte mit den Mangospalten und den Pekannusskernhälften garnieren.

Guaven-Joghurt-Torte

1 Zum Vorbereiten die Sahne für die Füllung in einen hohen Rührbecher geben und zugedeckt kalt stellen. Den Becher auswaschen, abtrocknen und zum Abmessen verwenden.

2 Für den Teig Butter oder Margarine mit Handrührgerät mit Rührbesen auf höchster Stufe geschmeidig rühren. Nach und nach Zucker, Vanillin-Zucker und Salz unterrühren. So lange rühren, bis eine gebundene Masse entstanden ist.

3 Eier nach und nach unterrühren (jedes Ei etwa ½ Minute). Mehl mit Backpulver mischen, sieben, portionsweise auf mittlerer Stufe unterrühren. Mandeln und Raspelschokolade unterrühren.

4 Den Teig in eine Springform (Ø 26 cm, Boden gefettet) geben und glatt streichen. Die Form auf dem Rost in den Backofen schieben.

Ober-/Unterhitze: etwa 180 °C (vorgeheizt)
Heißluft: etwa 160 °C (vorgeheizt)
Gas: Stufe 2–3 (vorgeheizt)
Backzeit: etwa 30 Minuten.

5 Den Tortenboden in der Form etwas abkühlen lassen. Dann aus der Form lösen und auf einem Kuchenrost erkalten lassen. Den Tortenboden einmal waagerecht durchschneiden.

6 Für die Füllung Gelatine in kaltem Wasser nach Packungsanleitung einweichen, leicht ausdrücken. Die ausgedrückte Gelatine in einem kleinen Topf unter Rühren erwärmen (nicht kochen), bis sie völlig gelöst ist, leicht abkühlen lassen.

7 Joghurt, Fruchtsaftgetränk und Zucker gut verrühren. 3 Esslöffel der Joghurt-Masse mit der Gelatine verrühren. Dann zur restlichen Joghurt-Masse geben und gut verrühren, kalt stellen.

(Fortsetzung Seite 68)

Zutaten

Foto Seite 69

Zum Vorbereiten:
1 Becher (250 ml) Schlagsahne

Für den Rührteig:
½ Pck. (125 g) Butter oder Margarine
½ Becher (110 g) Zucker
1 Pck. Vanillin-Zucker
1 Prise Salz
3 Eier (Größe M)
1 Becher (150 g) Weizenmehl, 2 gestr. TL Backpulver
4 EL (40 g) abgezogene, gemahlene Mandeln
4 EL Raspelschokolade

Für die Füllung:
10 Blatt weiße Gelatine
1 Becher (500 g) Naturjoghurt
2 Becher (500 ml [½ l]) Guaven-Fruchtsaftgetränk
½ Becher (110 g) Zucker

Für den Guss:
5 EL Guaven-Fruchtsaftgetränk, 1 TL Speisestärke

Zum Verzieren:
3 Becher (600 ml) Schlagsahne, 3 Pck. Sahnesteif

Zum Bestreuen:
2 EL Raspelschokolade

Zubereitungszeit:
60 Minuten, ohne Kühlzeit

Insgesamt:
E: 107 g, F: 408 g, Kh: 483 g,
kJ: 26079, kcal: 6233

FRUCHTIG

8 Die kalt gestellte Sahne steif schlagen. Wenn die Joghurtmasse anfängt dicklich zu werden, Sahne unterheben. Den Tortenboden auf eine Platte legen. Einen Tortenring oder den gesäuberten Springformrand darumstellen. Die Joghurt-Sahne-Masse auf den Tortenboden geben und glatt streichen. Den oberen Boden darauf legen. Die Torte etwa 3 Stunden kalt stellen.

9 Für den Guss Fruchtsaftgetränk und Speisestärke in einem kleinen Topf gut verrühren und unter Rühren kurz aufkochen lassen. Guss erkalten lassen, dabei ab und zu umrühren.

10 Zum Verzieren Sahne mit Sahnesteif steif schlagen. Sahne in einen Spritzbeutel mit großer Lochtülle geben. Den Tortenring oder Springformrand lösen und entfernen. Tortenoberfläche mit der Sahne verzieren und mit dem Guss besprenkeln. Mit Raspelschokolade bestreuen.

Tipp: *Guaven-Fruchtsaftgetränk kann auch durch Passionsfruchtsaft ersetzt werden.*

Sandtorte mit Mohncreme

Zutaten

1 Tasse ≙ 200 ml

Zum Vorbereiten:
1 Glas Sauerkirschen
(Abtropfgewicht 370 g)

Für den Rührteig:
1 Pck. (250 g) Butter oder Margarine
1 Tasse (150 g) Zucker
1 Pck. Vanillin-Zucker
1 Prise Salz
4 Eier (Größe M)
2 ½ Tassen (250 g) Weizenmehl, 1 gestr. TL Backpulver

2 EL Weizenmehl für die Sauerkirschen

Für die Füllung:
2 ½ Tassen (500 ml [½ l]) Milch
1 Pck. Pudding-Pulver Vanille-Geschmack
3 geh. EL Zucker
1 Pck. (250 g) weiche Butter
2 EL (20 g) Mohnsamen

Zum Bestreuen und Garnieren:
Kirschen und Mohnsamen

Zubereitungszeit:
75 Minuten, ohne Kühlzeit

Insgesamt:
E: 86 g, F: 467 g, Kh: 543 g,
kJ: 29037, kcal: 6934

1 Zum Vorbereiten Sauerkirschen in einem Sieb gut abtropfen lassen.

2 Für den Teig Butter oder Margarine mit Handrührgerät mit Rührbesen auf höchster Stufe geschmeidig rühren. Nach und nach Zucker, Vanillin-Zucker und Salz unterrühren. So lange rühren, bis eine gebundene Masse entstanden ist.

3 Eier nach und nach unterrühren (jedes Ei etwa ½ Minute). Mehl mit Backpulver mischen, sieben, portionsweise auf mittlerer Stufe unterrühren.

4 Sauerkirschen in Mehl wälzen und unter den Teig heben. Den Teig in eine Springform (Ø 26 cm, Boden gefettet) geben und glatt streichen. Die Form auf dem Rost in den Backofen schieben.

Ober-/Unterhitze: etwa 180 °C (vorgeheizt)
Heißluft: etwa 160 °C (nicht vorgeheizt)
Gas: Stufe 2–3 (nicht vorgeheizt)
Backzeit: etwa 50 Minuten.

5 Den Kuchen 10 Minuten in der Form abkühlen lassen. Dann aus der Form lösen und auf einen Kuchenrost stürzen. Kuchen erkalten lassen. Einmal waagerecht durchschneiden.

6 Für die Füllung aus Milch, Pudding-Pulver und Zucker nach Packungsanleitung einen Pudding zubereiten und in eine Schüssel füllen. Pudding sofort mit Klarsichtfolie zudecken, erkalten lassen oder Pudding erkalten lassen, dabei ab und zu umrühren.

7 Butter geschmeidig rühren. Den erkalteten Pudding esslöffelweise darunter rühren (darauf achten, dass weder Butter noch Pudding zu kalt sind, da die Creme sonst gerinnt). Zum Verzieren 6 Esslöffel der Buttercreme beiseite stellen. Den Mohn zu der restlichen Buttercreme geben und unterziehen.

(Fortsetzung Seite 72)

8 Den unteren Gebäckboden auf eine Platte legen. Ein Drittel der Mohn-Buttercreme darauf streichen und mit dem oberen Gebäckboden bedecken. Den Kuchen ganz mit der restlichen Mohn-Buttercreme bestreichen. Die beiseite gestellte Buttercreme in einen Spritzbeutel mit Sterntülle füllen und Tupfen auf die Tortenoberfläche spritzen. Die Torte etwa 2 Stunden kalt stellen.

9 Die Torte nach Belieben mit Mohn bestreuen und mit Kirschen garnieren.

Rhabarbertorte

Zutaten

1 Tasse ≙ 200 ml

Für den Schüttelteig:
3 Tassen (300 g) Weizenmehl
2 gestr. TL Backpulver
1 Tasse (150 g) Zucker
3 Eier (Größe M)
¾ Tasse (150 ml) Schlagsahne
knapp ½ Tasse (75 ml) Speiseöl
1 Pck. (100 g) Haselnusskrokant

Für den Belag:
800 g Rhabarber

Zum Bestreuen:
2 EL gehackte Pistazienkerne

Zubereitungszeit:
30 Minuten

Insgesamt:
E: 70 g, F: 164 g, Kh: 469 g, kJ: 15859, kcal: 3787

1 Für den Teig Mehl mit Backpulver mischen und in eine verschließbare Schüssel (3-Liter-Inhalt) sieben, mit Zucker mischen. Eier, Sahne und Speiseöl hinzufügen. Schüssel mit dem Deckel fest verschließen.

2 Mehrmals (insgesamt 15–30 Sekunden) kräftig schütteln, so dass alle Zutaten gut vermischt sind. Alles mit einem Schneebesen oder Rührlöffel nochmals sorgfältig durchrühren, damit vor allem trockene Zutaten vom Rand mit untergerührt werden.

3 Den Teig in eine Springform (Ø 26 cm, Boden gefettet) geben und glatt streichen. Haselnusskrokant darüber streuen.

4 Rhabarber waschen, Stielenden und Blattansätze entfernen, Stangen in etwa 2 cm lange Stücke schneiden. Rhabarberstückchen auf dem Teig verteilen und mit Pistazienkernen bestreuen. Die Form auf dem Rost in den Backofen schieben.

Ober-/Unterhitze: etwa 180 °C (vorgeheizt)
Heißluft: etwa 160 °C (nicht vorgeheizt)
Gas: Stufe 2–3 (nicht vorgeheizt)
Backzeit: etwa 40 Minuten.

5 Die Torte etwa 5 Minuten in der Form stehen lassen, dann aus der Form lösen und auf einem Kuchenrost erkalten lassen.

Erdbeertorte mit Ricotta

Zutaten
1 Tasse ≙ 250 ml

Für den Schüttelteig:
10 Stück (100 g) Zwieback
2 EL Weizenmehl
1 gestr. TL Backpulver
½ Tasse (110 g) Zucker
3 Eier (Größe M)
½ Tasse (100 g) gemahlene Haselnusskerne

Für den Belag:
4 Blatt weiße Gelatine
geriebene Schale und Saft von 1 Limette (unbehandelt)
400 g frische Erdbeeren
2 Becher (je 250 g) Ricotta (italienischer Frischkäse)
¾ Tasse (100 g) gesiebter Puderzucker

Zum Garnieren:
100 g frische Erdbeeren

Zubereitungszeit:
45 Minuten, ohne Kühlzeit

Insgesamt:
E: 108 g, F: 164 g, Kh: 327 g, kJ: 14157, kcal: 3385

ETWAS TEURER

1 Für den Teig Zwieback in einen Gefrierbeutel geben, fest verschließen. Zwieback mit einer Teigrolle zerbröseln. Zwiebackbrösel mit Mehl und Backpulver mischen, in eine verschließbare Schüssel (3-Liter-Inhalt) geben, mit Zucker mischen. Eier hinzufügen. Schüssel mit dem Deckel fest verschließen.

2 Mehrmals (insgesamt 15–30 Sekunden) kräftig schütteln, so dass alle Zutaten gut vermischt sind. Haselnusskerne hinzugeben. Alles mit einem Schneebesen oder Rührlöffel nochmals sorgfältig durchrühren, damit vor allem trockene Zutaten vom Rand mit untergerührt werden.

3 Den Teig in eine Springform (Ø 26 cm, Boden gefettet, mit Backpapier belegt) geben und glatt streichen. Die Form auf dem Rost in den Backofen schieben.

Ober-/Unterhitze: etwa 180 °C (vorgeheizt)
Heißluft: etwa 160 °C (vorgeheizt)
Gas: Stufe 2–3 (vorgeheizt)
Backzeit: etwa 25 Minuten.

4 Den Tortenboden in der Form auf einem Kuchenrost etwas abkühlen lassen, dann aus der Form lösen und auf dem Kuchenrost erkalten lassen. Den Boden auf eine Platte legen. Einen Tortenring darumstellen.

5 Für den Belag Gelatine in kaltem Wasser nach Packungsanleitung einweichen. Limette heiß waschen und trockentupfen. Schale abreiben und Saft auspressen. Limettensaft in einem kleinen Topf erhitzen (nicht kochen). Die leicht ausgedrückte Gelatine unter Rühren vollständig darin auflösen, abkühlen lassen.

6 Erdbeeren waschen, abtropfen lassen, entstielen und in kleine Stücke schneiden. Ricotta, Puderzucker und Limettenschale gut verrühren. Gelatineflüssigkeit unterrühren. Erdbeerstücke unterheben. Die Käse-Erdbeer-Masse auf den Tortenboden geben und glatt streichen. Torte etwa 2 Stunden kalt stellen.

7 Zum Garnieren Erdbeeren waschen, abtropfen lassen, entstielen und halbieren. Die Torte damit garnieren.

Gewürz-Kirsch-Tarte

Zutaten

1 Tasse ≙ 250 ml

Zum Vorbereiten:
1 Glas Sauerkirschen (Abtropfgewicht 370 g)

Für den Rührteig:
½ Pck. (125 g) Butter oder Margarine
½ Tasse (110 g) Zucker
1 gestr. TL Anis
1 gestr. TL gemahlener Ingwer
1 gestr. TL Finesse Geriebene Zitronenschale
2 Eier (Größe M)
1 Tasse (170 g) Weizenmehl
2 gestr. TL Backpulver

Für die Streusel:
1 Tasse (170 g) Weizenmehl
1 gestr. TL Backpulver
½ Tasse (110 g) Zucker
3 EL gehackte Cashewkerne
1 Pck. (25 g) gehackte Pistazienkerne
½ Pck. (125 g) Butter oder Margarine

Zubereitungszeit:
50 Minuten

Insgesamt:
E: 66 g, F: 249 g, Kh: 557 g, kJ: 20904, kcal: 4897

EINFACH

1 Zum Vorbereiten Kirschen in einem Sieb gut abtropfen lassen.

2 Für den Teig Butter oder Margarine mit Handrührgerät mit Rührbesen auf höchster Stufe geschmeidig rühren. Nach und nach Zucker, Anis, Ingwer und Zitronenschale unterrühren. So lange rühren, bis eine gebundene Masse entstanden ist.

3 Eier nach und nach unterrühren (jedes Ei etwa ½ Minute). Mehl mit Backpulver mischen, sieben, portionsweise auf mittlerer Stufe unterrühren. Den Teig in eine Tarteform (Ø 28 cm, gefettet) füllen. Kirschen auf dem Teig verteilen.

4 Für die Streusel Mehl mit Backpulver mischen und in eine Rührschüssel sieben, mit Zucker mischen, Cashew- und Pistazienkerne und Butter oder Margarine hinzufügen. Die Zutaten mit Handrührgerät mit Rührbesen zu Streuseln von gewünschter Größe verarbeiten. Die Streusel auf den Kirschen verteilen. Die Form auf dem Rost in den Backofen schieben.

Ober-/Unterhitze: etwa 200 °C (vorgeheizt)
Heißluft: etwa 180 °C (nicht vorgeheizt)
Gas: Stufe 3–4 (nicht vorgeheizt)
Backzeit: etwa 35 Minuten.

5 Die Tarte aus der Form lösen und auf einem Kuchenrost erkalten lassen.

Tipp: *Die Tarte kann auch in einer Springform (Ø 26 cm) zubereitet werden.*

Himbeer-Aprikosen-Tarte

Zutaten

Zum Vorbereiten:
1 Becher (150 g)
Crème fraîche

Für den Knetteig:
2 Becher (220 g) Weizenmehl
½ Becher (85 g) Zucker
1 Ei (Größe M)
½ Pck. (125 g) Butter oder Margarine

Für den Belag:
1 kleine Dose Aprikosenhälften (Abtropfgewicht 240 g)
250 g frische Himbeeren
3 Eier (Größe M)
3 EL Zucker
1 Pck. Finesse Bourbon-Vanille-Aroma

Zum Bestreichen:
2 EL Aprikosenkonfitüre

Zubereitungszeit:
60 Minuten, ohne Abkühlzeit

Insgesamt:
E: 57 g, F: 177 g, Kh: 353 g, kJ: 14051, kcal: 3356

FRUCHTIG

1 Zum Vorbereiten Crème fraîche in eine Rührschüssel geben und zugedeckt kalt stellen. Becher auswaschen, abtrocknen und zum Abmessen verwenden.

2 Für den Teig Mehl in eine Rührschüssel sieben. Zucker, Ei und Butter oder Margarine hinzufügen. Die Zutaten mit Handrührgerät mit Knethaken zunächst kurz auf niedrigster, dann auf höchster Stufe gut durcharbeiten.

3 Anschließend auf einer bemehlten Arbeitsfläche zu einem glatten Teig verkneten. Sollte er kleben, ihn in Folie gewickelt eine Zeit lang kalt stellen.

4 Zwei Drittel des Teiges auf einer bemehlten Arbeitsfläche zu einem Rechteck (28 x 20 cm) ausrollen. Den Teig in eine rechteckige Pie- oder Tarteform (28 x 20 cm, gefettet) legen. Den Teigboden mehrmals mit einer Gabel einstechen. Die Form auf dem Rost in den Backofen schieben und den Boden vorbacken.

Ober-/Unterhitze: etwa 200 °C (vorgeheizt)
Heißluft: etwa 180 °C (vorgeheizt)
Gas: Stufe 3–4 (vorgeheizt)
Backzeit: etwa 15 Minuten.

5 Die Form auf einen Kuchenrost stellen. Gebäckboden etwas abkühlen lassen.

6 Restlichen Teig zu einer Rolle formen, sie auf den vorgebackenen Boden legen, so an die Form drücken, dass ein Rand entsteht.

7 Für den Belag Aprikosenhälften in einem Sieb gut abtropfen lassen. Himbeeren verlesen, evtl. waschen, dann mit Küchenpapier trockentupfen.

8 Aprikosenhälften und Himbeeren auf den Gebäckboden legen.

(Fortsetzung Seite 80)

9 Kalt gestellte Crème fraîche mit Eiern, Zucker und Aroma zu einer geschmeidigen Masse verrühren. Die Masse auf den Früchten verteilen. Die Form wieder auf dem Rost in den Backofen schieben und die Tarte **bei gleicher Backofeneinstellung in etwa 25 Minuten** fertig backen.

10 Die Form auf einen Kuchenrost stellen. Tarte etwas abkühlen lassen. Zum Bestreichen Konfitüre durch ein Sieb streichen. Die Tarte damit bestreichen. Tarte erkalten lassen.

Traubentarte

Zutaten

1 Tasse ≙ 200 ml

Zum Vorbereiten:
200 g grüne Weintrauben
200 g blaue Weintrauben

1 Pck. (250 g) Butter oder Margarine
1 ½ Tassen (225 g) Zucker
4 Eier (Größe M)
1 ½ Tassen (150 g) Dinkel-Vollkornmehl
¾ Tasse (75 g) Maismehl (Reformhaus)
2 gestr. TL Backpulver

Zum Bestreichen:
3 EL Quittengelee

Zubereitungszeit:
40 Minuten

Insgesamt:
E: 61 g, F: 239 g, Kh: 481 g, kJ: 18672, kcal: 4460

EINFACH – VOLLWERT

1 Zum Vorbereiten Weintrauben waschen, trockentupfen, entstielen, halbieren und entkernen.

2 Für den Teig Butter oder Margarine mit Handrührgerät mit Rührbesen auf höchster Stufe geschmeidig rühren. Nach und nach Zucker unterrühren. So lange rühren, bis eine gebundene Masse entstanden ist. Eier nach und nach unterrühren (jedes Ei etwa ½ Minute).

3 Beide Mehlsorten und Backpulver mischen und portionsweise auf mittlerer Stufe unterrühren. Den Teig in eine Tarteform (Ø 30 cm, gefettet) füllen und glatt streichen. Weintraubenhälften auf dem Teig verteilen.

4 Die Form auf dem Rost in den Backofen schieben.

Ober-/Unterhitze: etwa 180 °C (vorgeheizt)
Heißluft: etwa 160 °C (nicht vorgeheizt)
Gas: Stufe 2–3 (nicht vorgeheizt)
Backzeit: etwa 40 Minuten.

5 Die Form auf einen Kuchenrost stellen. Die Tarte etwas abkühlen lassen.

6 Zum Bestreichen Gelee in einem kleinen Topf kurz aufkochen lassen. Die noch warme Tarte damit bestreichen. Tarte erkalten lassen.

Kissenkuchen

Zutaten

1 Tasse ≙ 250 ml

Zum Vorbereiten:
1 Pck. (300 g) gemischtes TK-Beerenobst
1 Tafel (100 g) weiße Schokolade

Für den Rührteig:
1 Pck. (250 g) Butter oder Margarine
1 Tasse (220 g) Zucker
½ TL Finesse Geriebene Zitronenschale
4 Eier (Größe M)
2 Tassen (340 g) Weizenmehl
3 gestr. TL Backpulver

Zum Verzieren:
etwa 50 g dunkle Kuchenglasur

Zubereitungszeit:
40 Minuten, ohne Auftau- und Abkühlzeit

Insgesamt:
E: 77 g, F: 267 g, Kh: 602 g, kJ: 22123, kcal: 5287

FÜR KINDER

1 Zum Vorbereiten Beeren bei Zimmertemperatur auftauen lassen. Schokolade in kleine Stücke brechen, in einem kleinen Topf im Wasserbad bei schwacher Hitze zu einer geschmeidigen Masse verrühren und abkühlen lassen.

2 Für den Teig Butter oder Margarine mit Handrührgerät mit Rührbesen auf höchster Stufe geschmeidig rühren. Nach und nach Zucker und Zitronenschale unterrühren. So lange rühren, bis eine gebundene Masse entstanden ist. Eier nach und nach unterrühren (jedes Ei etwa ½ Minute). Die aufgelöste Schokolade hinzufügen und kurz unterrühren. Mehl und Backpulver mischen, sieben und portionsweise auf mittlerer Stufe unterrühren.

3 Zwei Drittel des Teiges auf ein Backblech (30 x 40 cm, gefettet) streichen. Mit einem Kochlöffelstiel in etwa 5 cm breiten Abständen gitterartig tiefe Linien in den Teig ziehen.

4 Beerenobst pürieren und durch ein Sieb streichen. Beerenpüree unter den restlichen Teig rühren. Den Teig in einen Spritzbeutel mit Lochtülle (Ø etwa 10 mm) füllen und auf das markierte Gitter spritzen. Das Backblech in den Backofen schieben.

Ober-/Unterhitze: etwa 180 °C (vorgeheizt)
Heißluft: etwa 160 °C (vorgeheizt)
Gas: Stufe 2–3 (vorgeheizt)
Backzeit: etwa 30 Minuten.

5 Das Backblech auf einen Kuchenrost stellen und den Kuchen erkalten lassen.

6 Zum Verzieren Kuchenglasur nach Packungsanleitung auflösen, in ein Pergamentpapiertütchen füllen und eine kleine Spitze abschneiden. Den Kuchen damit verzieren.

Aprikosen-Mohn-Kuchen

Zutaten

Zum Vorbereiten:
1 Becher (250 g) Magerquark

Für den Quark-Öl-Teig:
2 ½ Becher (350 g) Weizenmehl
1 Pck. Backpulver
6 EL Milch
6 EL Speiseöl
½ Becher (100 g) Zucker
1 Pck. Vanillin-Zucker
1 Prise Salz

Für den Belag:
2 Pck. (je 150 g) Aprikosen-Fruchtquark
4 EL (30 g) Weizenmehl
1 Ei (Größe M)
1 Pck. (250 g) Mohn-Back
1 Becher (250 g) Aprikosenkonfitüre

Zum Bestreichen:
1 Eigelb
2 EL Schlagsahne

Zubereitungszeit:
60 Minuten

Insgesamt:
E: 161 g, F: 133 g, Kh: 724 g, kJ: 20157, kcal: 4813

FÜR KINDER

1 Zum Vorbereiten Quark in eine Schüssel geben. Den Becher ausspülen, abtrocknen und zum Abmessen verwenden.

2 Für den Teig Mehl mit Backpulver mischen und in eine Rührschüssel sieben. Quark, Milch, Speiseöl, Zucker, Vanillin-Zucker und Salz hinzufügen. Die Zutaten mit Handrührgerät mit Knethaken auf höchster Stufe in etwa 1 Minute zu einem Teig verarbeiten (nicht zu lange, Teig klebt sonst). Anschließend auf der bemehlten Arbeitsfläche zu einer Rolle formen. Ein Viertel des Teiges beiseite stellen.

3 Restlichen Teig auf einem Backblech (30 x 40 cm, gefettet) ausrollen, dabei am Rand etwas hochdrücken.

4 Für den Belag Fruchtquark mit Mehl und Ei gut verrühren. Abwechselnd Aprikosenquark, Mohn-Back und Konfitüre als Kleckse auf den Teigboden geben.

5 Den restlichen Teig auf einer bemehlten Arbeitsfläche zu einem Rechteck (38 x 15 cm) ausrollen und mit einem Kuchengitterroller darüber rollen. Das Teiggitter auseinander ziehen und auf den Belag legen.

6 Zum Bestreichen Eigelb mit Sahne verschlagen. Das Teiggitter damit bestreichen. Das Backblech in den Backofen schieben.

Ober-/Unterhitze: etwa 200 °C (vorgeheizt)
Heißluft: etwa 180 °C (vorgeheizt)
Gas: Stufe 3–4 (vorgeheizt)
Backzeit: etwa 25 Minuten.

7 Das Backblech auf einen Kuchenrost stellen. Kuchen erkalten lassen.

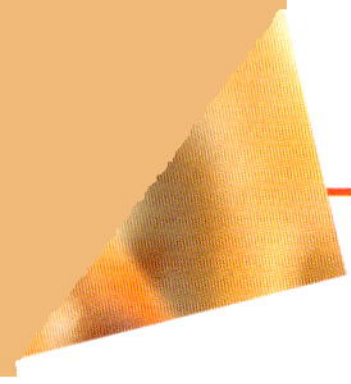

Florentiner Tassenkuchen

Zutaten

1 Tasse ≙ 200 ml

Für den All-in-Teig:
- 3 Tassen (300 g) Weizenmehl
- 2 gestr. TL Backpulver
- 1 Tasse (150 g) Zucker
- 3 Eier (Größe M)
- ¾ Tasse (150 ml) Speiseöl
- 2 EL Rum

Für den Belag:
- 1 Tasse (100 ml) Schlagsahne
- 1 Tasse (150 g) Zucker
- 1 Pck. (100 g) Früchte-Mix
- 1 Pck. (100 g) abgezogene, gehobelte Mandeln

Zubereitungszeit:
35 Minuten

Insgesamt:
E: 79 g, F: 257 g, Kh: 600 g,
kJ: 22105, kcal: 5276

EINFACH

1 Für den Teig Mehl mit Backpulver mischen und in eine Rührschüssel sieben. Zucker, Eier, Speiseöl und Rum hinzufügen. Die Zutaten in 2 Minuten mit Handrührgerät mit Rührbesen auf höchster Stufe zu einem glatten Teig verarbeiten.

2 Den Teig auf ein Backblech (30 x 40 cm, gefettet) geben und glatt streichen. Das Backblech in den Backofen schieben und den Boden vorbacken.

Ober-/Unterhitze: etwa 180 °C (vorgeheizt)
Heißluft: etwa 160 °C (vorgeheizt)
Gas: Stufe 2–3 (vorgeheizt)
Backzeit: etwa 10 Minuten.

3 Das Backblech auf einen Kuchenrost stellen.

4 Für den Belag Sahne und Zucker in einem kleinen Topf kurz aufkochen lassen. Früchte-Mix und Mandeln unterrühren. Die Masse auf dem vorgebackenen Boden verteilen. Das Backblech wieder in den Backofen schieben und den Kuchen fertig backen.

Ober-/Unterhitze: etwa 180 °C (vorgeheizt)
Heißluft: etwa 160 °C (vorgeheizt)
Gas: Stufe 2–3 (vorgeheizt)
Backzeit: etwa 15 Minuten.

5 Das Backblech auf einen Kuchenrost stellen. Den Kuchen erkalten lassen und in beliebig große Stücke schneiden.

Tipp: *Früchtemix ist eine Mischung aus Sukkade, Orangeat und kandierten Melonen. Früchtemix gibt vielen Gebäcken eine herzhaft-fruchtige Note.*

Birnen-Hefekuchen mit Pistazienguss

Zutaten

Zum Vorbereiten:
1 Becher (250 g) Schmand

Für den Hefeteig:
3 Becher (480 g) Weizenmehl
1 Pck. Trockenhefe
1 Prise Salz
½ Becher (110 g) Zucker
abgeriebene Schale von ½ Zitrone (unbehandelt)
1 Ei (Größe M)
1 Becher (250 ml) Milch
¼ Pck. (65 g) zerlassene, abgekühlte Butter oder Margarine

Für den Belag:
8 reife Birnen (etwa 1,2 kg)
Saft von 1 Zitrone

Für den Guss:
2 Pck. (50 g) gehackte Pistazienkerne
3 Eier (Größe M)
4 EL Zucker

Zubereitungszeit:
60 Minuten, ohne Teiggehzeit

Insgesamt:
E: 123 g, F: 178 g, Kh: 637g, kJ: 20364, kcal: 4867

DAUERT LÄNGER – ETWAS TEURER

1 Zum Vorbereiten Schmand in eine Rührschüssel geben und zugedeckt kalt stellen. Den Schmandbecher auswaschen, abtrocknen und zum Abmessen verwenden.

2 Für den Hefeteig Mehl in eine Rührschüssel sieben, mit Trockenhefe sorgfältig vermischen. Salz, Zucker, Zitronenschale, Ei, Milch und Butter oder Margarine hinzufügen. Die Zutaten mit Handrührgerät mit Knethaken zunächst auf niedrigster, dann auf höchster Stufe in etwa 5 Minuten zu einem Teig verarbeiten. Den Teig zugedeckt so lange an einem warmen Ort stehen lassen, bis er sich sichtbar vergrößert hat.

3 Für den Belag Birnen schälen, vierteln, entkernen und in Spalten schneiden. Birnenspalten mit Zitronensaft beträufeln.

4 Den Teig leicht mit Mehl bestäuben, aus der Schüssel nehmen und auf einer bemehlten Arbeitsfläche kurz durchkneten. Den Teig in einer Fettfangschale (30 x 40 cm, gefettet) ausrollen, dabei einen kleinen Rand hochziehen. Die Birnenspalten auf dem Teig verteilen und zugedeckt nochmals so lange an einem warmen Ort gehen lassen, bis er sich sichtbar vergrößert hat.

5 Für den Guss Pistazienkerne, Eier und Zucker und mit dem kalt gestellten Schmand gut verrühren. Den Guss auf den Birnenspalten verteilen. Die Fettfangschale in den Backofen schieben.

Ober-/Unterhitze: etwa 200 °C (vorgeheizt)
Heißluft: etwa 180 °C (nicht vorgeheizt)
Gas: Stufe 3–4 (nicht vorgeheizt)
Backzeit: 30–35 Minuten.

6 Die Fettfangschale auf einen Kuchenrost stellen. Den Kuchen erkalten lassen.

Bananen-Quark-Kuchen

Zutaten

Zum Vorbereiten:
4 Becher (je 250 g) Magerquark

Für den Rührteig:
1 Pck. (250 g) Butter oder Margarine
1 Becher (200 g) Zucker
3 Eier (Größe M)
2 Becher (300 g) Weizenmehl
2 gestr. TL Backpulver
½ Becher (125 ml [⅛ l]) Bananen-Nektar
1 Becher (100 g) gemahlene Haselnusskerne

Für den Belag:
12 Blatt weiße Gelatine
1 Becher (250 ml [¼ l]) Bananen-Nektar
½ Becher (100 g) Zucker
3 Bananen
4 EL Zitronensaft
1 Becher (250 ml [¼ l]) Schlagsahne

Zum Garnieren:
2 Bananen
2 EL Zitronensaft
12 dünne Schokotaler

Zubereitungszeit:
40 Minuten, ohne Kühlzeit

Insgesamt:
E: 238 g, F: 387 g, Kh: 768 g, kJ: 32732, kcal: 7821

FÜR KINDER

1 Zum Vorbereiten Quark in eine Schüssel geben. Einen Quarkbecher auswaschen, abtrocknen und zum Abmessen verwenden.

2 Für den Teig Butter oder Margarine mit Handrührgerät mit Rührbesen auf höchster Stufe geschmeidig rühren. Nach und nach Zucker unterrühren. So lange rühren, bis eine gebundene Masse entstanden ist. Eier nach und nach unterrühren (jedes Ei etwa ½ Minute). Mehl und Backpulver mischen, sieben, abwechselnd portionsweise mit dem Nektar und den Haselnusskernen auf mittlerer Stufe unterrühren. Den Teig auf ein Backblech (30 x 40 cm, gefettet) geben und glatt streichen. Das Backblech in den Backofen schieben.

Ober-/Unterhitze: etwa 180 °C (vorgeheizt)
Heißluft: etwa 160 °C (vorgeheizt)
Gas: Stufe 2–3 (vorgeheizt)
Backzeit: etwa 25 Minuten.

3 Das Backblech auf einen Kuchenrost stellen. Gebäckboden erkalten lassen. Einen Backrahmen darumstellen.

4 Für den Belag Gelatine in kaltem Wasser nach Packungsanleitung einweichen, leicht ausdrücken. Die ausgedrückte Gelatine in einem kleinen Topf unter Rühren erhitzen (nicht kochen), bis sie völlig gelöst ist. Den kaltgestellten Quark mit Nektar und Zucker geschmeidig rühren. Die aufgelöste Gelatine unterrühren. Bananen schälen, der Länge nach halbieren und quer in Scheiben schneiden. Bananenscheiben mit Zitronensaft mischen und vorsichtig unter die Quarkmasse heben. Sahne steif schlagen und unterheben. Die Quark-Sahne-Masse auf den Gebäckboden geben und glatt streichen. Etwa 1 Stunde kalt stellen. Den Backrahmen entfernen und den Kuchen in etwa 24 Stücke schneiden.

5 Zum Garnieren Bananen schälen, schräg in Scheiben schneiden und in dem Zitronensaft schwenken. Kuchenstücke mit den Bananenscheiben garnieren. Schokotaler mit einem Messer mit angewärmter Klinge halbieren. Schokotalerhälften auf die Kuchenstücke setzen.

Quark-Orangen-Kuchen

Zutaten

Zum Vorbereiten:
½ Becher (125 ml) Schlagsahne

Für den Schüttelteig:
2 ½ Becher (375 g) Weizenmehl, 3 gestr. TL Backpulver
¾ Becher (175 g) Zucker
1 Pck. Vanillin-Zucker
3 Eier (Größe M)
½ Pck. (125 ml) zerlassene, abgekühlte Butter oder Margarine

Für den Belag:
8–10 Orangen
3 Pck. (750 g) Magerquark
¾ Becher (175 g) Zucker
1 Pck. Finesse Orangenfrucht
2 Eigelb (Größe M)
2 EL Speisestärke
½ Becher (125 ml [⅛ l]) Orangensaft
2 Eiweiß (Größe M)

Zum Garnieren:
2 EL Puderzucker
25 g aufgelöste Vollmilch-Kuvertüre

Zubereitungszeit:
70 Minuten

Insgesamt:
E: 196 g, F: 183 g, Kh: 813 g, kJ: 24928, kcal: 5952

DAUERT ETWAS LÄNGER

1 Zum Vorbereiten Sahne in eine Schüssel geben. Den Becher auswaschen, abtrocknen und zum Abmessen verwenden. Für den Teig Mehl mit Backpulver mischen, in eine verschließbare Schüssel (3-Liter-Inhalt) sieben, mit Zucker und Vanillin-Zucker mischen. Eier, Butter oder Margarine und die Sahne hinzufügen. Schüssel mit dem Deckel fest verschließen.

2 Mehrmals (insgesamt 15–30 Sekunden) kräftig schütteln, so dass alle Zutaten gut vermischt sind. Alles mit einem Schneebesen oder Rührlöffel nochmals sorgfältig durchrühren, damit vor allem trockene Zutaten vom Rand mit untergerührt werden.

3 Den Teig auf ein Backblech (30 x 40 cm, gefettet) geben und glatt streichen. Das Backblech in den Backofen schieben und den Boden vorbacken.

Ober-/Unterhitze: etwa 180 °C (vorgeheizt)
Heißluft: etwa 160 °C (vorgeheizt)
Gas: Stufe 2–3 (vorgeheizt)
Backzeit: etwa 15 Minuten.

4 Das Backblech auf einen Kuchenrost stellen. Für den Belag Orangen so dick mit einem Messer abschälen oder abschneiden, dass auch die weiße Haut ganz entfernt wird. Dann das Fruchtfleisch mit einem scharfen Messer von einer Trennhautseite abschneiden und von der anderen Seite abziehen oder auch abschneiden, so dass die Trennhäute stehen bleiben. Dabei den Saft in einer Schüssel auffangen.

5 Quark, Zucker, Orangenfrucht, Eigelb und Speisestärke zu einer geschmeidigen Masse verrühren. Orangensaft unterrühren. Eiweiß steif schlagen und unterheben.

6 Die Quark-Orangen-Masse auf den vorgebackenen Boden streichen. Orangenfilets darauf verteilen. Das Backblech wieder in den Backofen schieben, den Kuchen **bei gleicher Backofeneinstellung in etwa 70 Minuten** fertig backen.

7 Die Orangenfilets mit Puderzucker bestäuben. Den Kuchen evtl. mit Kuvertüre besprenkeln.

Schoko-Mirabellen-Kuchen

Zutaten

Zum Vorbereiten:
2 Gläser Mirabellen mit Stein (Abtropfgewicht je 385 g)
2 Becher (je 250 ml) Schlagsahne

Für den Rührteig:
1 Pck. (250 g) Butter oder Margarine
1 Becher (200 g) Zucker
1 Pck. Vanillin-Zucker
4 Eier (Größe M)
3 ½ Becher (450 g) Weizenmehl
⅓ Becher (50 g) Kakaopulver
3 gestr. TL Backpulver
3 EL Milch

Für den Belag:
1 Pck. Pudding-Pulver Sahne-Geschmack
3–4 EL Zucker
500 ml (½ l) Mirabellensaft
1–2 EL gesiebter Puderzucker
2 Pck. Sahnesteif

Zum Bestäuben:
2 EL Kakaopulver

Zubereitungszeit:
55 Minuten, ohne Kühlzeit

Insgesamt:
E: 95 g, F: 252 g, Kh: 794 g, kJ: 25655, kcal: 6129

FRUCHTIG

1 Zum Vorbereiten Mirabellen in einem Sieb abtropfen lassen, den Saft dabei auffangen und 500 ml (½ l) davon abmessen. Mirabellen je nach Größe halbieren oder vierteln und entsteinen. Sahne in einen hohen Rührbecher geben und zugedeckt kalt stellen. Einen Sahnebecher auswaschen, abtrocknen und zum Abmessen verwenden.

2 Für den Teig Butter oder Margarine mit Handrührgerät mit Rührbesen auf höchster Stufe geschmeidig rühren. Nach und nach Zucker und Vanillin-Zucker unterrühren. So lange rühren, bis eine gebundene Masse entstanden ist.

3 Eier nach und nach unterrühren (jedes Ei etwa ½ Minute). Mehl, Kakao und Backpulver mischen, sieben und abwechselnd portionsweise mit der Milch auf mittlerer Stufe unterrühren. Ein Drittel der Mirabellenstücke unterheben.

4 Einen Backrahmen auf ein Backblech (30 x 40 cm, gefettet) stellen. Den Teig hineingeben und glatt streichen. Die restlichen Mirabellenstücke darauf verteilen. Das Backblech in den Backofen schieben.

Ober-/Unterhitze: etwa 180 °C (vorgeheizt)
Heißluft: etwa 160 °C (nicht vorgeheizt)
Gas: Stufe 2–3 (nicht vorgeheizt)
Backzeit: etwa 25 Minuten.

5 Das Backblech auf einen Kuchenrost stellen. Den Kuchen erkalten lassen.

6 Für den Belag aus Pudding-Pulver, Zucker und Mirabellensaft nach Packungsanleitung - aber mit den hier angegebenen Zutaten - einen Pudding zubereiten. Den Pudding in eine Rührschüssel geben, mit Klarsichtfolie zudecken und erkalten lassen.

7 Die kalt gestellte Sahne mit Sahnesteif und Puderzucker steif schlagen. Den Pudding mit Handrührgerät mit Rührbesen geschmeidig rühren, Sahne unterheben. Die Pudding-Sahne-Masse wellenartig auf den Kuchen streichen. Den Kuchen 1 Stunde kalt stellen.

(Fortsetzung Seite 96)

8 Zum Bestäuben einen Kuchenrost auf den Backrahmen legen und den Kuchen durch den Rost mit Kakao bestäuben. Den Backrahmen entfernen.

Kokoskuchen

Zutaten

Zum Vorbereiten:
2 Becher (je 200 ml) Schlagsahne

Für den All-in-Teig:
3 Becher (375 g) Weizenmehl
1 Pck. Backpulver
1 ½ Becher (300 g) Zucker
2 Eier (Größe M)
1 ½ Becher (350 ml) Buttermilch (Zitrone)

Für den Belag:
2 Becher (150 g) Kokosraspel
½ Becher (100 g) Zucker

Zubereitungszeit:
30 Minuten

Insgesamt:
E: 84 g, F: 236 g, Kh: 749 g, kJ: 23298, kcal: 5567

EINFACH – SCHNELL – FÜR KINDER

1 Zum Vorbereiten für den Guss Sahne in eine Schüssel geben und zugedeckt kalt stellen. Den Becher auswaschen, abtrocknen und zum Abmessen verwenden.

2 Für den Teig Mehl mit Backpulver mischen und in eine Rührschüssel sieben. Zucker, Eier und Buttermilch hinzufügen. Die Zutaten in 2 Minuten mit Handrührgerät mit Rührbesen auf höchster Stufe zu einem glatten Teig verarbeiten.

3 Den Teig auf ein Backblech (30 x 40 cm, gefettet) geben und glatt streichen.

4 Für den Belag Kokosraspel und Zucker vermischen und gleichmäßig auf den Teig streuen. Das Backblech in den Backofen schieben.

Ober-/Unterhitze: etwa 200 °C (vorgeheizt)
Heißluft: etwa 180 °C (vorgeheizt)
Gas: Stufe 3–4 (vorgeheizt)
Backzeit: etwa 30 Minuten.

5 Das Backblech auf einen Kuchenrost stellen.

6 Für den Guss die kalt gestellte Sahne über den heißen Belag gießen. Kuchen erkalten lassen und in Schnitten schneiden.

Tipp: *Buttermilch (Zitrone) kann auch durch Reine Buttermilch und 1 Päckchen Finesse Geriebene Zitronenschale ersetzt werden.*

Schokoladen-Himbeer-Kuchen

Zutaten

Zum Vorbereiten:
1 Becher (250 g) Mascarpone (italienischer Frischkäse)
1 ½ Pck. (150 g) Halbbitter-Kuvertüre

Für den Schüttelteig:
knapp 1 ½ Becher (270 g) Weizenmehl
3 gestr. TL Backpulver
½ Becher (125 g) Zucker
4 Eier (Größe M)
½ Pck. (125 g) zerlassene, abgekühlte Butter oder Margarine
etwa ½ Becher (100 ml) Milch

Zum Tränken:
½ Becher (125 ml) Espresso-Kaffee
2 TL Zucker
2 EL Amaretto (Mandellikör)

Für die Creme:
200 g frische Himbeeren
4 Blatt weiße Gelatine
Saft von 1 Zitrone
1 Becher (100 g) gesiebter Puderzucker
1 Becher (250 ml [¼ l]) Schlagsahne

Zum Garnieren:
100 g frische, verlesene Himbeeren
Zitronenmelisse-Blättchen
30 g geschabte Vollmilchschokolade

1 Zum Vorbereiten Mascarpone in eine Rührschüssel geben und zugedeckt kalt stellen. Den Mascarpone-Becher auswaschen, abtrocknen und zum Abmessen verwenden.

2 Kuvertüre in kleine Stücke hacken, in einem kleinen Topf im Wasserbad bei schwacher Hitze zu einer geschmeidigen Masse verrühren. Kuvertüre etwas abkühlen lassen.

3 Für den Teig Mehl mit Backpulver mischen, in eine verschließbare Schüssel (3-Liter-Inhalt) sieben, mit Zucker mischen. Eier, Butter oder Margarine und Milch hinzufügen. Schüssel mit dem Deckel fest verschließen.

4 Mehrmals (insgesamt 15–30 Sekunden) kräftig schütteln, so dass alle Zutaten gut vermischt sind. Alles mit einem Rührlöffel nochmals sorgfältig durchrühren, damit vor allem trockene Zutaten vom Rand mit untergerührt werden.

5 Den Teig auf ein Backblech (30 x 40 cm, gefettet) geben und glatt streichen. Die aufgelöste Kuvertüre darüber träufeln. Das Backblech in den Backofen schieben.

Ober-/Unterhitze: etwa 200 °C (vorgeheizt)
Heißluft: etwa 180 °C (vorgeheizt)
Gas: Stufe 3–4 (vorgeheizt)
Backzeit: etwa 25 Minuten.

6 Das Backblech auf einen Kuchenrost stellen. Kuchen abkühlen lassen. Die Kuchenoberfläche mit einer Gabel mehrmals einstechen.

7 Zum Tränken Espresso-Kaffee mit Zucker und Amaretto verrühren. Den Kuchen mit der Kaffeemischung tränken.

8 Für die Creme Himbeeren verlesen und pürieren. Gelatine in kaltem Wasser nach Packungsanleitung einweichen. Zitronensaft in einem kleinen Topf erwärmen (nicht kochen). Die leicht ausgedrückte Gelatine unter Rühren vollständig darin auflösen.

(Fortsetzung Seite 100)

Zubereitungszeit:
65 Minuten, ohne Kühlzeit

Insgesamt:
E: 98 g, F: 373 g, Kh: 579 g,
kJ: 26432, kcal: 6317

ETWAS TEURER

9 Die kalt gestellte Mascarponecreme mit Handrührgerät mit Rührbesen zu einer geschmeidigen Masse verrühren. Himbeerpüree und Puderzucker hinzufügen. Die Zitronen-Gelatine-Lösung langsam unterrühren. Sahne steif schlagen und unterheben.

10 Die Creme auf dem Kuchen verteilen. Kuchen etwa 2 Stunden kalt stellen.

11 Zum Garnieren den Kuchen in Schnitten schneiden und mit Himbeeren und geschabter Schokolade garnieren.

Muskatkuchen

Zutaten

1 Tasse ≙ 250 ml

Zum Vorbereiten:
1 Pck. (250 g) Butter
100 g Zartbitterschokolade

Für den Rührteig:
1 Tasse (220 g) Zucker
Mark von 1 Vanilleschote
4 Eier (Größe M)
1½ Tassen (255 g) Weizenmehl
½ Tasse (65 g) Speisestärke
2 gestr. TL Backpulver
½ TL gemahlene Muskatblüte (Macis)
6–8 EL Schlagsahne

Für den Belag:
24 dünne Schokotaler

Zubereitungszeit:
35 Minuten, ohne Abkühlzeit
Insgesamt:
E: 73 g, F: 322 g, Kh: 575 g,
kJ: 23743, kcal: 5673

FÜR KINDER

1 Zum Vorbereiten Butter in einem Topf bei mittlerer Hitze leicht bräunen. Butter in eine Rührschüssel geben und abkühlen lassen. Schokolade fein hacken.

2 Für den Teig die gebräunte Butter mit Handrührgerät mit Rührbesen auf höchster Stufe geschmeidig rühren. Nach und nach Zucker und Vanillemark unterrühren. So lange rühren, bis eine gebundene Masse entstanden ist.

3 Eier nach und nach unterrühren (jedes Ei etwa 1/2 Minute). Mehl, Speisestärke und Backpulver mischen, sieben, abwechselnd portionsweise mit der Muskatblüte und Sahne auf mittlerer Stufe unterrühren. Schokolade unterrühren.

4 Den Teig auf ein Backblech (30 x 40 cm, gefettet) geben und glatt streichen. Das Backblech in den Backofen schieben.

Ober-/Unterhitze: etwa 180 °C (vorgeheizt)
Heißluft: etwa 160 °C (vorgeheizt)
Gas: Stufe 2–3 (vorgeheizt)
Backzeit: etwa 25 Minuten.

5 Das Backblech auf einen Kuchenrost stellen. Den heißen Kuchen mit Schokotalern belegen. Kuchen erkalten lassen.

Apfel-Nuss-Schnitten

Zutaten

Zum Vorbereiten:
1 Becher (200 ml) Schlagsahne
½ Becher (75 g) Mandeln mit Schale
3 EL Pistazienkerne

Für den Rührteig:
1 Pck. (250 g) Butter oder Margarine
½ Becher (100 g) Zucker
1 Prise Salz
3–5 Tropfen Bittermandel-Aroma, 5 Eier (Größe M)
2 Becher (250 g) Weizenmehl
1 Pck. Backpulver
8 EL Milch
½ Becher (75 g) gemahlene Haselnusskerne
½ Becher (75 g) Rosinen

Für den Belag:
2 Pck. Sahnesteif
2 Becher (je 250 g) Schmand
1 Glas Apfelkompott mit Stücken (Einwaage 360 g)
3 EL Zucker

Zum Bestreuen:
einige Pistazienkerne
nicht abgezogene, ganze Mandeln

Zubereitungszeit:
65 Minuten, ohne Abkühlzeit

Insgesamt:
E: 140 g, F: 542 g, Kh: 538 g,
kJ: 33092, kcal: 7908

1 Zum Vorbereiten Sahne in einen hohen Rührbecher geben und zugedeckt kalt stellen. Den Becher auswaschen, abtrocknen und zum Abmessen verwenden. Mandeln und Pistazienkerne grob hacken und beiseite stellen.

2 Für den Teig Butter oder Margarine mit Handrührgerät mit Rührbesen auf höchster Stufe geschmeidig rühren. Nach und nach Zucker, Salz und Aroma unterrühren. So lange rühren, bis eine gebundene Masse entstanden ist.

3 Eier nach und nach unterrühren (jedes Ei etwa ½ Minute). Mehl mit Backpulver mischen, sieben, abwechselnd portionsweise mit der Milch und den Haselnusskernen auf mittlerer Stufe unterrühren. Zuletzt die beiseite gestellten Pistazienkerne und Rosinen unterrühren. Den Teig auf ein Backblech (30 x 40 cm, gefettet) geben und glatt streichen.

4 Das Backblech in den Backofen schieben.

Ober-/Unterhitze: etwa 180 °C (vorgeheizt)
Heißluft: etwa 160 °C (vorgeheizt)
Gas: Stufe 2–3 (vorgeheizt)
Backzeit: etwa 30 Minuten.

5 Das Backblech auf einen Kuchenrost stellen. Die Gebäckplatte erkalten lassen.

6 Für den Belag die kalt gestellte Sahne mit Sahnesteif steif schlagen. Schmand mit Kompott und Zucker verrühren. Sahne unterheben. Die Schmand-Sahne-Creme auf der Gebäckplatte verteilen.

7 Zum Bestreuen Pistazienkerne und Mandeln fein hacken und auf die Schmand-Sahne-Creme streuen. Den Kuchen in Stücke schneiden.

Apfelkuchen mit Krokant

Zutaten

Zum Vorbereiten:
1 Becher (250 ml [¼ l]) Schlagsahne
½ Becher (110 g) Zucker
1 Pck. (100 g) abgezogene, gestiftelte Mandeln

Für den Hefeteig:
2 ½ Becher (375 g) Weizenmehl (Type 550)
1 Pck. Hefeteig Garant
knapp ½ Tasse (75 g) Zucker
1 Prise Salz
1 Ei (Größe M)
knapp ½ Pck. (100 g) zerlassene, abgekühlte Butter oder Margarine
1 Becher (250 ml [¼ l]) Milch

Für den Belag:
1 Pck. Mandella Pudding-Pulver Vanille-Mandel
¼ Becher (55 g) Zucker
1 Becher (250 ml [¼ l]) Milch
6-7 Äpfel (750 g)

Zubereitungszeit:
90 Minuten, ohne Ruhe- und Teiggehzeite

Insgesamt:
E: 125 g, F: 277 g, Kh: 906 g, kJ: 28681, kcal: 6850

FÜR KINDER

1 Zum Vorbereiten Sahne in eine Schüssel geben und zugedeckt kalt stellen. Den Sahnebecher auswaschen, abtrocknen und zum Abmessen verwenden.

2 Zucker in einem kleinen Topf bei schwacher Hitze unter Rühren karamellisieren lassen. Mandeln unterrühren. Die Mandel-Krokant-Masse auf eine leicht geölte Marmorplatte oder auf ein Stück Alufolie geben und fest werden lassen. Dann in Stücke brechen.

3 Für den Teig Mehl in eine verschließbare Schüssel (3-Liter-Inhalt) geben, mit Hefeteig Garant, Zucker und Salz mischen. Ei, Butter oder Margarine und Milch hinzufügen. Schüssel mit dem Deckel fest verschließen.

4 Mehrmals (insgesamt 15–30 Sekunden) kräftig schütteln, so dass alle Zutaten gut vermischt sind. Alles mit einem Schneebesen oder Rührlöffel nochmals sorgfältig durchrühren, damit vor allem trockene Zutaten vom Rand mit untergerührt werden. Den Teig aus der Schüssel nehmen, leicht mit Mehl bestäuben und auf einem Backblech (30 x 40 cm, gefettet) oder in einer Fettfangschale (30 x 40 cm, gefettet) aurollen. Evtl. einen Backrahmen darumstellen.

5 Für den Belag aus Pudding-Pulver, Zucker, Milch und der kalt gestellten Sahne nach Packungsanleitung einen Pudding zubereiten, etwas abkühlen lassen. Die Puddingmasse auf dem Teig verteilen.

6 Äpfel schälen, halbieren, vierteln, entkernen und in Spalten schneiden. Apfelspalten dachziegelartig auf der Puddingmasse verteilen. Mit Mandel-Krokant bestreuen. Das Backblech in den Backofen schieben. Den Teig etwa 15 Minuten ruhen lassen.

Ober-/Unterhitze: 180–200 °C (vorgeheizt)
Heißluft: 160–180 °C (vorgeheizt)
Gas: etwa Stufe 3 (vorgeheizt)
Backzeit: etwa 30 Minuten.

7 Das Backblech auf einen Kuchenrost stellen. Den Kuchen erkalten lassen. Evtl. Backrahmen entfernen.

Granatapfel-Schnitten

Zutaten

Zum Vorbereiten:
4 Becher (je 250 g) Sahnequark

Für den Rührteig:
1 Pck. (250 g) Butter oder Margarine
1 Becher (200 g) Zucker
1 Prise Salz
1 Pck. gemahlener Safran
4 Eier (Größe M)
2 Becher (300 g) Weizenmehl
3 gestr. TL Backpulver
2 EL Milch

Für den Belag:
3 Pck. Dessert-Pulver Quarkfein Vanille-Geschmack
1 Granatapfel
1 EL Grenadinesirup (Granatapfelsirup)
2 EL gesiebter Puderzucker

Zubereitungszeit:
65 Minuten, ohne Kühlzeit

Insgesamt:
E: 177 g, F: 347 g, Kh: 784 g, kJ: 30223, kcal: 7199

RAFFINIERT – FÜR GÄSTE

1 Zum Vorbereiten Quark in eine Rührschüssel geben und zugedeckt kalt stellen. Einen Quarkbecher auswaschen, abtrocknen und zum Abmessen verwenden.

2 Für den Teig Butter oder Margarine mit Handrührgerät mit Rührbesen auf höchster Stufe geschmeidig rühren. Nach und nach Zucker, Salz und Safran unterrühren. So lange rühren, bis eine gebundene Masse entstanden ist.

3 Eier nach und nach unterrühren (jedes Ei etwa ½ Minute). Mehl und Backpulver mischen, sieben, abwechselnd portionsweise mit der Milch auf mittlerer Stufe unterrühren.

4 Den Teig auf ein Backblech (30 x 40 cm, gefettet, mit Backpapier belegt) streichen. An der offenen Seite des Backbleches das Backpapier unmittelbar vor dem Teig zur Falte knicken, so dass ein Rand entsteht. Das Backblech in den Backofen schieben.

Ober-/Unterhitze: etwa 180 °C (vorgeheizt)
Heißluft: etwa 160 °C (vorgeheizt)
Gas: Stufe 2–3 (vorgeheizt)
Backzeit: etwa 25 Minuten.

5 Die Gebäckplatte vom Rand lösen und auf einen mit Backpapier belegten Kuchenrost stürzen. Mitgebackenes Backpapier abziehen. Gebäckplatte erkalten lassen.

6 Aus der Gebäckplatte mit einem Ausstecher Ovale (Ø etwa 9 cm) ausstechen, diese auf ein Backblech legen. Gebäckreste mit den Händen fein zerbröseln.

7 Für den Belag den kalt gestellten Quark und Quarkfein mit Handrührgerät mit Rührbesen auf höchster Stufe zu einer geschmeidigen Masse verrühren. Die Quarkcreme in einen Spritzbeutel mit Lochtülle (Ø 15 mm) geben. Die Creme auf die Gebäckschnitten spritzen.

8 Gebäckbrösel auf einen Teller geben. Gebäckschnitten nacheinander in die Brösel setzen. Die Brösel an die Quarkränder drücken. Gebäckschnitten etwa 1 Stunde kalt stellen.

(Fortsetzung Seite 108)

9 Um die Blüte des Granatapfels herum keilförmig ein kleines Quadrat ausschneiden. Den Apfel von den Ecken aus 4-mal einritzen. Den Apfel öffnen und die Kerne herauslösen.

10 Für den Guss Grenadinesirup und Puderzucker gut verrühren. Die Gebäckschnitten mit Granatapfelkernen garnieren und mit dem Guss beträufeln.

Tipp: *Den Safran durch gemahlenen Zimt oder Ingwer ersetzen.*

Wattekuchen

Zutaten

1 Tasse ≙ 200 ml

Für den All-in-Teig:
- 3 Tassen (300 g) Weizenmehl
- 4 gestr. TL Backpulver
- 2 Tassen (300 g) Zucker
- 1 Pck. Finesse Geriebene Zitronenschale
- 1 EL Zitronensaft
- 4 Eier (Größe M)
- ¾ Tasse (150 ml) Speiseöl
- ¾ Tasse (150 ml) Mineralwasser mit Kohlensäure

Für den Guss:
- 1 Tasse (150 g) gesiebter Puderzucker
- 1–2 EL Zitronensaft

Zubereitungszeit:
30 Minuten

Insgesamt:
E: 63 g, F: 179 g, Kh: 672 g, kJ: 19548, kcal: 4670

EINFACH – PREISWERT

1 Für den Teig Mehl mit Backpulver mischen und in eine Rührschüssel sieben. Zucker, Zitronenschale und -saft, Eier, Speiseöl und Mineralwasser hinzufügen. Die Zutaten in 2 Minuten mit Handrührgerät mit Rührbesen auf höchster Stufe zu einem glatten Teig verarbeiten.

2 Den Teig auf ein Backblech (30 x 40 cm, gefettet, mit Mehl bestäubt) geben und glatt streichen. Das Backblech in den Backofen schieben.

Ober-/Unterhitze: etwa 180 °C (vorgeheizt)
Heißluft: etwa 160 °C (vorgeheizt)
Gas: Stufe 2–3 (vorgeheizt)
Backzeit: etwa 20 Minuten.

3 Das Backblech auf einen Kuchenrost stellen.

4 Für den Guss Puderzucker mit Zitronensaft zu einer dickflüssigen Masse verrühren. Den Guss sofort mit Hilfe eines Pinsels oder Messers auf dem Kuchen verteilen. Den Kuchen auf dem Kuchenrost erkalten lassen. Dann in Quadrate oder Rechtecke schneiden.

Buttermilchkuchen

Zutaten

1 Tasse ≙ 200 ml

Für den Teig:
- 3 Tassen (300 g) Weizenmehl
- 1 Pck. Backpulver
- 2 Tassen (300 g) Zucker
- 1 Pck. Vanillin-Zucker
- 3 Eier (Größe M)
- 1 Tasse (150 ml) Buttermilch
- ½ Pck. (125 g) zerlassene, abgekühlte Butter

Für den Belag:
- ½ Pck. (125 g) zerlassene Butter
- 1 Tasse (150 g) Zucker
- 2 Tassen (200 g) Kokosraspel

Zubereitungszeit:
20 Minuten

Insgesamt
E: 74 g, F: 353 g, Kh: 689 g, kJ: 26555, kcal: 6343

FÜR KINDER

1 Für den Teig Mehl mit Backpulver mischen, in eine verschließbare Schüssel (3-Liter-Inhalt) sieben, mit Zucker und Vanillin-Zucker mischen. Eier, Buttermilch und Butter hinzufügen, Schüssel mit dem Deckel fest verschließen. Mehrmals (insgesamt 15–30 Sekunden) kräftig schütteln, so dass alle Zutaten gut vermischt sind. Alles mit einem Schneebesen oder Rührlöffel nochmals sorgfältig durchrühren, damit vor allem trockene Zutaten vom Rand mit untergerührt werden.

2 Teig auf ein Backblech (30x40 cm, gefettet) streichen. Das Backblech in den Backofen schieben und vorbacken.

Ober-/Unterhitze: etwa 180 °C (vorgeheizt)
Heißluft: etwa 160 °C (vorgeheizt)
Gas: Stufe 2–3 (vorgeheizt)
Backzeit: etwa 10 Minuten.

3 Für den Belag Butter, Zucker und Kokosraspel in einem kleinen Topf aufkochen lassen. Die Masse auf den vorgebackenen Boden streichen. Backblech wieder in den Backofen schieben und fertig backen.

Ober-/Unterhitze: etwa 180 °C (vorgeheizt)
Heißluft: etwa 160 °C (vorgeheizt)
Gas: Stufe 2–3 (vorgeheizt)
Backzeit: etwa 15 Minuten.

4 Das Backblech auf einen Kuchenrost stellen, Kuchen erkalten lassen.

Orangen-Schoko-Madeleines

Zutaten

Zum Vorbereiten:
½ Becher (100 ml) Schlagsahne
½ Tafel (50 g) Edel-Bitter-Schokolade mit Orangenaroma (77 % Kakao)
1 EL (etwa 15 g) Butter oder Margarine

Für den Rührteig:
½ Pck. (125 g) Butter oder Margarine
½ Becher (100 g) Zucker
abgeriebene Schale von ½ Orange (unbehandelt)
3 Eier (Größe M)
1 Becher (125 g) Weizenmehl, 1 Msp. Backpulver
Saft von ½ Orange
4 EL (40 g) glasierte Schokoladenstreusel

Für die Schokocreme:
2 EL (20 g) gesiebter Puderzucker

2 Scheiben kandierte Orangen zum Garnieren

Zubereitungszeit:
60 Minuten, ohne Kühlzeit
Insgesamt:
E: 46 g, F: 189 g, Kh: 283 g, kJ: 13062, kcal: 3121

1 Zum Vorbereiten Sahne in einen kleinen Topf geben. Den Sahnebecher auswaschen, abtrocknen und zum Abmessen verwenden. Die Sahne erhitzen. Schokokolade in Stücke brechen und unter Rühren in der Sahne auflösen. Butter oder Margarine unterrühren. Die Masse in eine Schüssel geben und etwa 3 Stunden kalt stellen.

2 Für den Teig Butter oder Margarine mit Handrührgerät mit Rührbesen auf höchster Stufe geschmeidig rühren. Nach und nach Zucker und Orangenschale unterrühren. So lange rühren, bis eine gebundene Masse entstanden ist. Eier nach und nach unterrühren (jedes Ei etwa ½ Minute). Mehl mit Backpulver mischen, sieben, abwechselnd portionsweise mit dem Orangensaft auf mittlerer Stufe unterrühren. Zuletzt Schokostreusel unterrühren.

3 Den Teig in 14 Madeleines-Förmchen (gefettet) verteilen. Die Förmchen auf ein Backblech stellen. Das Backblech in den Backofen schieben.

Ober-/Unterhitze: etwa 180 °C (vorgeheizt)
Heißluft: etwa 160 °C (vorgeheizt)
Gas: Stufe 2–3 (vorgeheizt)
Backzeit: 20–25 Minuten.

4 Die Förmchen vom Backblech nehmen und auf einen Kuchenrost stellen. Madeleines etwas abkühlen lassen. Dann mit Hilfe eines Messers aus den Förmchen lösen und auf einem Kuchenrost erkalten lassen.

5 Die kalt gestellte Schoko-Sahne-Masse und Puderzucker mit Handrührgerät mit Rührbesen auf höchster Stufe cremig schlagen. Jeweils einen Klecks Schokocreme auf den Madeleines verteilen. Zum Garnieren Orangenscheiben in kleine Ecken schneiden. Die Madeleines damit garnieren.

Bananenwaffeln mit heißer Schokoladensauce

Zutaten

1 Tasse ≙ 200 ml

Zum Vorbereiten:
1 Banane
1 EL Zitronensaft

Für den Schüttelteig:
2 Tassen (200 g) Weizenmehl
2 gestr. TL Backpulver
½ Tasse (50 g) gemahlene Haselnusskerne
½ Tasse (75 g) Zucker
1 Pck. Vanillin-Zucker
1 Prise Salz
3 Eier (Größe M)
4 EL Mineralwasser
½ Pck. (125 g) zerlassene, abgekühlte Butter oder Margarine

Für die Sauce:
½ Tasse (100 ml) Milch
½ Tafel (50 g) Zartbitterschokolade
2–3 EL Cognac

Zubereitungszeit:
65 Minuten

Insgesamt:
E: 64 g, F: 177 g, Kh: 312 g, kJ: 13927, kcal: 3328

SCHNELL – EINFACH – FÜR GÄSTE

1 Zum Vorbereiten Banane schälen, mit einer Gabel fein zerdrücken und mit Zitronensaft verrühren.

2 Für den Teig Mehl mit Backpulver mischen, in eine verschließbare Schüssel (3-Liter-Inhalt) sieben, mit Haselnusskernen, Zucker, Vanillin-Zucker und Salz mischen. Eier, Mineralwasser und Butter oder Margarine hinzufügen. Schüssel mit dem Deckel fest verschließen.

3 Mehrmals (insgesamt 15–30 Sekunden) kräftig schütteln, so dass alle Zutaten gut vermischt sind. Bananenmus hinzugeben. Alles mit einem Schneebesen oder Rührlöffel nochmals sorgfältig durchrühren, damit vor allem trockene Zutaten vom Rand mit untergerührt werden.

4 Den Teig in nicht zu großen Portionen in ein gut erhitztes Waffeleisen (gefettet) füllen. Die Waffeln goldbraun backen und einzeln auf einem Kuchenrost erkalten lassen.

5 Für die Sauce Milch in einem kleinen Topf erhitzen. Schokolade in Stücke brechen und unter Rühren in der Milch auflösen. Cognac unterrühren. Die Sauce heiß zu den Waffeln reichen.

Knusper-Whisky-Muffins

Zutaten

1 Tasse ≙ 250 ml

Für den Schüttelteig:
1 ½ Tassen (255 g) Weizenmehl
3 gestr. TL Backpulver
1 Tasse (220 g) Zucker
1 Pck. Vanilin-Zucker
2 Eier (Größe M)
1 Tasse (250 ml) Buttermilch
4 EL Scotch-Whisky
½ Pck. (125 g) zerlassene, abgekühlte Butter oder Margarine
1 Pck. Karamell-Kugeln (100 g, z. B. Daim)

Zum Bestäuben:
2 EL Puderzucker

Zubereitungszeit:
60 Minuten

Insgesamt:
E: 56 g, F: 132 g, Kh: 516 g, kJ: 15588, kcal: 3723

GUT VORZUBEREITEN

1 Für den Teig Mehl mit Backpulver mischen, in eine verschließbare Schüssel (3-Liter-Inhalt) sieben, mit Zucker und Vanillin-Zucker mischen. Eier, Buttermilch, Whisky und Butter oder Margarine hinzufügen. Schüssel mit dem Deckel fest verschließen.

2 Mehrmals (insgesamt 15–30 Sekunden) kräftig schütteln, so dass alle Zutaten gut vermischt sind. Mini-Knusper-Nuss-Kugeln hinzugeben. Alles mit einem Schneebesen oder Rührlöffel nochmals sorgfältig durchrühren, damit vor allem trockene Zutaten vom Rand mit untergerührt werden.

3 Den Teig in eine große und eine kleine Muffinform (große Muffinform für 12 Muffins, kleine Muffinform für 6 Muffins, mit Papierbackförmchen ausgelegt) füllen. Die Formen auf dem Rost in den Backofen schieben.

Ober-/Unterhitze: etwa 180 °C (vorgeheizt)
Heißluft: etwa 160 °C (vorgeheizt)
Gas: Stufe 2–3 (vorgeheizt)
Backzeit: 25–30 Minuten.

4 Die Muffins 10 Minuten in der Form stehen lassen, dann aus der Form nehmen und auf einem Kuchenrost erkalten lassen. Muffins mit Puderzucker bestäuben.

Tipp: *Die Muffins können auch in zweifach ineinander gesteckten Papierbackförmchen gebacken werden.*
Anstelle von Karamell-Kugeln kann auch 1 Päckchen (200 g) Rosinen in feiner Vollmilchschokolade verwendet werden.

Earl-Grey-Muffins

Zutaten

1 Tasse ≙ 250 ml

Zum Vorbereiten:
⅓ Tasse (etwa 85 ml) Wasser
2 gestr. EL Earl-Grey-Tee

Für den Rührteig:
½ Pck. (125 g) Butter oder Margarine
½ Tasse (110 g) Zucker
1 Pck. Bourbon-Vanille-Zucker
2 Eier (Größe M)
1 Tasse (170 g) Weizenmehl
1 gestr. TL Backpulver

Für den Belag:
1 Dose Mandarinen (Abtropfgewicht 175 g)
2 Eiweiß (Größe M)
¼ Tasse (55 g) Zucker
½ Tasse (50 g) abgezogene, gemahlene Mandeln

Zum Bestäuben:
Puderzucker

Zubereitungszeit:
30 Minuten, ohne Abkühlzeit

Insgesamt:
E: 52 g, F: 145 g, Kh: 351 g,
kJ: 12674, kcal: 3028

ZUM TEE – FÜR GÄSTE

1 Zum Vorbereiten Wasser zum Kochen bringen und auf den Tee gießen. Den Tee 5 Minuten ziehen lassen, durch ein Sieb gießen, ausdrücken. Tee erkalten lassen.

2 Für den Teig Butter oder Margarine mit Handrührgerät mit Rührbesen auf höchster Stufe geschmeidig rühren. Nach und nach Zucker und Vanille-Zucker unterrühren. So lange rühren, bis eine gebundene Masse entstanden ist.

3 Eier nach und nach unterrühren (jedes Ei etwa ½ Minute). Mehl und Backpulver mischen, sieben, portionsweise abwechselnd mit dem Tee auf mittlerer Stufe unterrühren.

4 Den Teig so in der Muffinform (für 12 Muffins, gefettet, gemehlt) verteilen, dass die Förmchen zur Hälfte gefüllt sind.

5 Für den Belag Mandarinen in einem Sieb gut abtropfen lassen. Eiweiß sehr steif schlagen, Zucker nach und nach unterschlagen. Mandeln unterheben. Mandarinen auf dem Teig verteilen. Eischnee-Mandel-Masse darauf streichen. Die Form auf dem Rost in den Backofen schieben.

Ober-/Unterhitze: etwa 180 °C (vorgeheizt)
Heißluft: etwa 160 °C (vorgeheizt)
Gas: Stufe 2–3 (vorgeheizt)
Backzeit: etwa 25 Minuten.

6 Die Muffins 10 Minuten in der Form abkühlen lassen. Dann aus der Form lösen und auf einem Kuchenrost erkalten lassen. Muffins mit Puderzucker bestäuben.

Marzipan-Weintrauben-Muffins

Zutaten

1 Tasse ≙ 200 ml

Für den Schüttelteig:
2 ½ Tassen (250 g) Weizenmehl
2 gestr. TL Backpulver
½ Tasse (75 g) Zucker
1 Pck. Vanillin-Zucker
3 Eier (Größe M)
½ Pck. (125 g) zerlassene, abgekühlte Butter oder Margarine
¾ Tasse (150 ml) Milch
½ Pck. (100 g) Marzipan-Rohmasse

Für den Belag:
250 g kernlose Weintrauben (z. B. Rosé)

Zum Bestäuben:
2 EL (30 g) Puderzucker

Zubereitungszeit:
25 Minuten

Insgesamt:
E: 70 g, F: 166 g, Kh: 386 g,
kJ: 14444, kcal: 3449

EINFACH

1 Für den Teig Mehl mit Backpulver mischen und in eine verschließbare Schüssel (3-Liter-Inhalt) sieben, mit Zucker und Vanillin-Zucker mischen. Eier, Butter oder Margarine und Milch hinzufügen. Schüssel mit dem Deckel fest verschließen.

2 Mehrmals (insgesamt 15–30 Sekunden) kräftig schütteln, so dass alle Zutaten gut vermischt sind. Marzipan-Rohmasse in sehr kleine Würfel schneiden und hinzugeben. Alles mit einem Schneebesen oder Rührlöffel nochmals sorgfältig durchrühren, damit vor allem trockene Zutaten vom Rand mit untergerührt werden.

3 Den Teig in eine Muffinform (für 12 Muffins, gefettet, gemehlt) füllen.

4 Für den Belag Weintrauben waschen, abtropfen lassen, trockentupfen und entstielen. Je 2–3 Weintrauben in den Teig drücken. Die Form auf dem Rost in den Backofen schieben.

Ober-/Unterhitze: etwa 200 °C (vorgeheizt)
Heißluft: etwa 180 °C (vorgeheizt)
Gas: Stufe 3–4 (vorgeheizt)
Backzeit: etwa 25 Minuten.

5 Die Muffins 10 Minuten in der Form stehen lassen, dann aus der Form lösen (evtl.vorsichtig mit Hilfe eines Messers herausheben) und auf einem Kuchenrost erkalten lassen. Muffins mit Puderzucker bestäuben.

Mini-Mokka-Amerikaner

Zutaten

1 Tasse ≙ 200 ml

Für den Rührteig:
- ½ Pck. (125 g) Butter oder Margarine
- ½ Tasse (75 g) Zucker
- 1 Pck. Vanillin-Zucker
- 1 Prise Salz
- 2 Eier (Größe M)
- 5 EL Milch
- 2 TL lösliches Espresso-Pulver
- 2 EL Rum
- 2 ½ Tassen (250 g) Weizenmehl
- ½ Tasse (50 g) Speisestärke
- 2 TL Kakaopulver
- 3 gestr. TL Backpulver

Für den Guss:
- 1 Tafel (100 g) Zartbitter-schokolade
- 1 TL lösliches Espresso-Pulver
- 1 Tafel (100 g) weiße Schokolade

Zubereitungszeit:
65 Minuten, ohne Abkühlzeit

Insgesamt:
E: 59 g, F: 185 g, Kh: 441 g, kJ: 16212, kcal: 3873

GUT VORZUBEREITEN

1 Für den Teig Butter oder Margarine mit Handrührgerät mit Rührbesen auf höchster Stufe geschmeidig rühren. Nach und nach Zucker, Vanillin-Zucker und Salz unterrühren. So lange rühren, bis eine gebundene Masse entstanden ist.

2 Eier nach und nach unterrühren (jedes Ei etwa ½ Minute). Milch, Espresso-Pulver und Rum verrühren.

3 Mehl mit Speisestärke, Kakao und Backpulver mischen, sieben, abwechselnd portionsweise mit der Milch-Espresso-Rum-Lösung auf mittlerer Stufe unterrühren.

4 Von dem Teig mit zwei Esslöffeln Häufchen abstechen und nicht zu dicht zueinander (Teig läuft breit) auf Backbleche (gefettet, mit Backpapier belegt) setzen. Die Backbleche nacheinander (bei Heißluft zusammen) in den Backofen schieben.

Ober-/Unterhitze: etwa 180 °C (vorgeheizt)
Heißluft: etwa 160 °C (vorgeheizt)
Gas: Stufe 2–3 (vorgeheizt)
Backzeit: etwa 20 Minuten, je Backblech.

5 Die Amerikaner mit dem Backpapier von den Backblechen auf je einen Kuchenrost ziehen. Amerikaner erkalten lassen.

6 Für den Guss Zartbitterschokolade in Stücke brechen, mit Espresso-Pulver in einem kleinen Topf im Wasserbad bei schwacher Hitze zu einer geschmeidigen Masse verrühren. Weiße Schokolade ebenso auflösen.

7 Die Hälfte der Amerikaner mit weißer Schokolade, die andere Hälfte mit der Mokkaschokolade bestreichen. Auf die „weißen“ Amerikaner einen Klecks dunkle Schokolade und auf die dunklen einen Klecks weiße Schokolade geben. Schokolade mit einem Holzstäbchen ineinander ziehen und fest werden lassen.

Kapitelregister

Kuchen aus der Form

Torten

Kapitelregister

Kuchen vom Blech

Kleingebäck

Alphabetisches Register

Alphabetisches Register

Umwelthinweis	Dieses Buch und der Einband wurden auf chlorfrei gebleichtem Papier gedruckt. Die Einschrumpffolie – zum Schutz vor Verschmutzung – ist aus umweltfreundlichem und recyclingfähigem PE-Material.
	Wenn Sie Anregungen, Vorschläge oder Fragen zu unseren Büchern haben, rufen Sie uns unter folgender Nummer an (05 21) 1 55 25 80 oder 52 06 50 oder schreiben Sie uns: Dr. Oetker Verlag KG, Am Bach 11, 33602 Bielefeld.
Copyright	© 2001 by Dr. Oetker Verlag KG, Bielefeld
Redaktion	Carola Reich, Annette Riesenberg
Titelfotos	Thomas Diercks, Hamburg
Innenfotos	Thomas Diercks, Hamburg
Rezeptentwicklung und -beratung	Maren Jahnke, Hamburg Anke Rabeler, Hamburg Maik Schacht, Hamburg Mechthild Plogmaker, Versuchsküche Dr. Oetker, Bielefeld Heide Hagendorf, Bad Rothenfelde
Grafisches Konzept	Björn Carstensen, Hamburg
Gestaltung	KonturDesign, Bielefeld
Titelgestaltung	KonturDesign, Bielefeld
Reproduktionen	Fotolito Longo, Bozen, Italien
Satz	Typografika, Bielefeld
Druck und Bindung	Appl Druck GmbH & Co. KG, Wemding

ISBN 3-7670-0283-3